DON
DIEGO

SÉRGIO XAVIER

DON DIEGO

Copyright © 2021 de Sérgio Xavier Filho
Todos os direitos desta edição reservados à Editora Labrador.

Coordenação editorial
Pamela Oliveira

Revisão
Bonie Santos

Assistência editorial
Larissa Robbi Ribeiro

Foto de capa
Ricardo Padilla

Projeto gráfico, diagramação e capa
Amanda Chagas

Foto da quarta capa
Acervo pessoal de Mônica Pellizer

Preparação de texto
Laila Guilherme

Dados Internacionais de Catalogação na Publicação (CIP)
Jéssica de Oliveira Molinari - CRB-8/9852

Filho Xavier, Sérgio
   Don Diego / Sérgio Xavier Filho. — São Paulo : Labrador, 2021.
   208 p. : il.

ISBN 978-65-5625-183-7

1. Padilla, Don Diego – 1960-2019 – Biografia 2. Jogadores de Rugby - Biografia 3. Brasil - Rugby - História I. Título

21-3629   CDD 927.96

Índice para catálogo sistemático:
  1. Padilla, Don Diego – 1960-2019 – Biografia

EDITORA
Labrador

Editora Labrador
Diretor editorial: Daniel Pinsky
Rua Dr. José Elias, 520 — Alto da Lapa
05083-030 — São Paulo/SP
+55 (11) 3641-7446
contato@editoralabrador.com.br
www.editoralabrador.com.br
facebook.com/editoralabrador
instagram.com/editoralabrador

A reprodução de qualquer parte desta obra é ilegal e configura uma apropriação indevida dos direitos intelectuais e patrimoniais do autor. A Editora não é responsável pelo conteúdo deste livro. O autor conhece os fatos narrados, pelos quais é responsável, assim como se responsabiliza pelos juízos emitidos.

"Here's to the ones that we got
Cheers to the wish you were here,
but you're not
'Cause the drinks bring back all
the memories
Of everything we've been through
Toast to the ones here today
Toast to the ones that we lost on
the way
'Cause the drinks bring back all
the memories
And the memories bring back...
memories bring back you."

"Um brinde às pessoas que temos
Um brinde ao desejo de que você
estivesse aqui, mas não está
Porque os drinks trazem todas
as lembranças de volta
De tudo o que já passamos
Um brinde aos que estão aqui hoje
Um brinde aos que perdemos
pelo caminho
Porque os drinks trazem todas
as lembranças de volta
E as lembranças trazem...
as lembranças trazem você de volta"

***Memories*, Maroon 5**
(tradução livre)

SUMÁRIO

Prefácio | **10**

1. A paella do rúgbi | **13**
2. Adiós, Nonino | **19**
3. Rio Branco e Nippon | **27**
4. Projeto Alphaville | **39**
5. Soy un Jaguar | **47**
6. Brasileiro e brasileño | **57**
7. A força da confraria | **65**
8. Scrum trágico | **75**
9. Vida de treinador | **87**
10. A Galera | **95**
11. O bug do milênio | **105**
12. Pampa Mia | **117**
13. O gordo e o Pájaro Loco | **127**
14. Coração valente e frágil | **135**
15. Os brutos também choram | **145**
16. A Nova Zelândia e o guacamole | **161**
17. A história da história | **167**
18. Glossário | **177**

Bônus: Chilli do Diego | **187**

PREFÁCIO

— Daaaaaaniiii: como vai, meu querido? Ligando para dizer que opero semana que vem. Como vocês estão?

Eu não sabia, mas aquela seria minha última conversa com uma das pessoas que mais marcaram a minha vida: Don Diego Padilla.

Dono de um coração enorme, quase sempre bem-humorado, certamente a pessoa mais generosa e carinhosa que conheci. Eu mal podia esperar para chegar na Pampa Mia, encontrá-lo e dar aquele abraço apertado e o beijo estalado na bochecha nas diversas vezes em que lá fomos comemorar. Comemorar o quê? Aniversário de um filho, dia do chilli,

Hanukkah, volta de viagem, um domingo de sol, a vida... Sempre havia um motivo!

Seu velório só confirmou que o vazio que deixou em minha vida era compartilhado com muitos, tal a atmosfera de comoção.

Então pensei: como posso homenageá-lo e ajudar a mostrar a todos, amigos e familiares, suas diversas faces? Um livro, claro!

Ainda que tenhamos sido amigos por 25 anos, eu mesmo pouco conheci o Diego atleta. Muitos dos seus grandes amigos do rúgbi pouco conheceram sua família, e boa parte de sua família não conheceu muitas passagens de sua vida, relatadas nesta obra.

Tocar a produção do livro com meu amigo Serginho foi um prazer especial. Ri (e chorei) muito revisitando passagens que já conhecia e diversas que não.

Aproveito para agradecer as contribuições supergenerosas de diversos amigos e familiares, devidamente registradas no final deste livro, sem as quais esta publicação não seria possível. Agradecimentos especiais a minha grande amiga Líbia, parceira de primeira hora do projeto. E a Martin, Troster e Faco, que mobilizaram a impressionante comunidade do rúgbi a colaborar não só financeiramente, mas também com muitas histórias e imagens.

Para cada um, Diego deixou um legado que não será esquecido. Para mim, a gentileza, o carinho e um amor sem limites por seus amigos, por sua família, pela vida.

Aramis, Matias, Agustín e Ícaro: seu pai foi um grande homem. Que sua vida sirva de exemplo.

Daniel Pinsky

A PAELLA DO RÚGBI

Fazia um calor sem propósito naquele sábado. O verão espanhol sabe ser tórrido, mas 33 °C para um 12 de agosto já parecia ser um exagero. Tinha tudo para ser uma manhã desagradável para o professor de educação física e jogador de rúgbi espanhol Eduardo Rubio Avila. Ele era o encarregado de comprar os ingredientes para a paella de comemoração dos dez anos de casamento com a brasileira Angela Turrin. Cozinhar nunca tinha sido problema para ele; pelo contrário, adorava assumir as panelas e preparar almoços e jantares para os amigos. Mas ir às compras, ainda mais naquele calorão, costumava ser o pesadelo de Eduardo, que odiava a função.

N. do autor: Durante o processo de elaboração do livro, tive liberdade total para entrevistar quem eu quis, decidir o que entraria na história e quais destaques daria a cada trecho da narrativa.

Não naquele sábado. Eduardo e Angela Turrin estavam com um hóspede mais que especial na casa em que viviam em Las Rozas, município colado na capital, Madri. O casal estava recebendo Diego Padilla, que aproveitou compromissos profissionais no país para passar uma semana com os amigos. Na realidade, Diego era originalmente amigo de Angela: foram muitas as festas e as viagens compartilhadas no início do milênio em São Paulo, numa turma que se autodenominava "A Galera". Angela mudou-se para a Espanha, conheceu Eduardo e se casou com ele. No aniversário de 40 anos do marido, viajaram para São Paulo. Era 2009, e Diego o recebeu como se fossem amigos de toda uma vida. Organizou um jogo de rúgbi para uma pessoa que nem conhecia. Depois teve churrasco na sua casa de Itapecerica da Serra, Grande São Paulo. Em pouco tempo, se tratavam como se fossem mesmo amigos de toda uma vida.

Aquela viagem para a Espanha era um tremendo presente para Eduardo. Uma forma de retribuir a impressionante hospitalidade daquela estada de 2009. Eduardo pendurou suas chuteiras de jogador amador naquela ocasião, para virar depois treinador do clube de Las Rozas. A sensação de ser recebido no Brasil com um jogo amistoso era quase como um carimbo de carinho no passaporte espanhol de Eduardo. Os princípios todos do rúgbi estavam estampados nesses gestos que se tornaram marcantes. Camaradagem, companheirismo, generosidade. Estava tudo ali.

Uma semana intensa de almoços, jantares e muita troca de ideias. A dupla fez passeios pela região. Angela, que passava o dia trabalhando na embaixada americana de Madri, tinha até alguma dificuldade para pegar o ritmo das conversas quando chegava em casa à noite. Os olhos da dupla brilhavam ao falar do esporte que tanto amavam.

O calor, as compras, as filas, nada era problema para Eduardo naquele sábado. Diego estava junto, vibrando, bem ao seu estilo, com tudo o que via nas prateleiras de supermercados e nas delicatéssens da região. "Mira eso! Que maravilla. Que precioso!". Eduardo se divertia com a felicidade do amigo. Era seu aniversário de casamento, mas a presença do convidado impunha outro tipo de celebração. Foram dez convidados, a maioria companheiros do clube de rúgbi de Eduardo. Talvez a paella não fosse suficiente, então compraram carne para um assado também. O chimichurri, tempero que daria um acento argentino ao almoço, ficou a cargo do sorridente Padilla.

Os convidados chegaram e se espalharam pela cozinha e em volta da piscina na casa de Las Rozas. Eduardo preparava o almoço, tendo o amigo argentino como ajudante. Em poucos minutos, Diego já era o centro das atenções. Falava, ouvia, perguntava. E respondia. Rúgbi, claro, era o prato de resistência das conversas. Alguns daqueles companheiros conheciam a fama do argentino que fez história na Seleção Brasileira de Rugby. Pratos, copos, brindes. Risos e diversão. Um pouco depois, a festa silenciou para ouvir Diego falar de si. Contou que tinha feito meses antes uma cirurgia delicada no coração. E que sabia que o problema não estava resolvido, havia riscos futuros. Falou da família, dos filhos... e chorou. O medo de deixar os quatro filhos desassistidos bateu forte naquela hora.

Quando Angela se deu conta, percebeu que os grandalhões do rúgbi estavam emocionados com alguém que tinham acabado de conhecer. A conversa ganhou outros contornos, mais risos, brindes e abraços. Os convidados se foram, mas ficou no casal que comemorava suas bodas a reflexão: como aquele sujeito conseguia tão rapidamente cativar desconhecidos?

2

ADIÓS, NONINO

AQUELA ARGENTINA DO INÍCIO DOS ANOS 1970 MAIS PARECIA UMA PANELA DE PRESSÃO. Instabilidade econômica, incerteza política, tudo indicava estar a ponto de explodir. O presidente Juan Domingos Perón havia sido deposto e saiu da Argentina em 1955, mas o país nunca mais sairia do peronismo. Entre 1955 e 1974 ocorreu uma sucessão de golpes militares e governos que não conseguiam oferecer o mínimo de segurança democrática e de estabilidade ao país. A panela apitava, mas quem estava espirrando lentamente pela válvula era a família Padilla.

Ricardo Padilla era sócio de uma construtora chamada Compañia General de Edificación. Faziam de tudo: agências bancárias, prédios e casas. Muitas das obras estavam em Flores, no miolo de Buenos Aires. Bairro cortado pela avenida

Rivadavia ("La más larga del mundo", como gostam de dizer os portenhos para ressaltar seus 35 quilômetros de extensão), Flores oferecia a tranquilidade de uma cidade de interior. Um comércio efervescente nas proximidades da avenida e o sossego quase completo a duas ou três quadras dali. Os Padilla viviam em segurança e liberdade; os seis filhos, Alvaro, Diego, Javier, Teresita, Rodrigo Facundo e Fermin, estudavam nas proximidades de casa, brincavam na rua, iam à missa de domingo na igreja de Flores. Tudo sem temores, sem grandes preocupações.

O mais inquieto dos seis filhos era o segundo da escadinha dos Padilla. Diego era falante e desde cedo demonstrou paixão (e destacada aptidão) pelos esportes em geral. No colégio La Salle, jogava bem o que fosse proposto nas aulas de educação física. Mas muito cedo, quando tinha 6 anos, uma bola ovalada apareceu na escola e a obsessão nasceu. Quem trouxe a bola foi um apaixonado pelo rúgbi chamado José Miguel Seguí, o Pepe Seguí. Pepe era pai de Memo, o melhor amigo de Diego, e vinha de uma família de jogadores de rúgbi. A ideia era montar uma equipe na escola, aproveitar os valores do esporte para integrar e ajudar no desenvolvimento das crianças.

Para Diego, aquele esporte que exigia vigor físico, velocidade e rapidez na tomada de decisões era, acima de tudo, diversão. E logo ele se destacou a ponto de Pepe Seguí o convidar para jogar no clube em que havia introduzido o rúgbi anos antes. O Dirección Autárquica de Obras Municipales (Daom) tinha formações para as mais variadas idades e disputava as competições municipais. Diego aproveitava suas características para atuar nas posições de ponta, centro e fullback, enquanto

Memo era o abertura, um dos jogadores responsáveis pela armação da equipe.

Foram anos esperando a chegada dos fins de semana. Era no sábado e no domingo que o Daom jogava na capital ou na Grande Buenos Aires pelas ligas menores. E, como Diego era o melhor amigo do filho do treinador, acabava participando de toda a organização da equipe, até na arrumação do material esportivo. No La Salle, recebia a educação formal, mas era no Daom que aprendia as lições que mais usaria na vida: disciplina, honestidade, solidariedade, respeito, paixão. Estava se encaminhando para virar um profissional do esporte, quem sabe. A Argentina era e segue sendo o principal centro de rúgbi das Américas; o futuro talvez prometesse mesmo. O problema era... a própria Argentina, sob um aspecto mais amplo.

O país estava travado pela instabilidade político-econômica, e isso se refletia diretamente nos negócios da família. As obras encomendadas à empresa de Ricardo estavam rareando. E as que já haviam sido contratadas andavam com pagamentos atrasados. Para completar o quadro, Primitivo, pai de Ricardo e também engenheiro da Compañia General de Edificación, um dia chegou do escritório e manteve a sua rotina: trocou o terno por um robe de dormir, fez suas leituras e se sentou para assistir ao telejornal da noite. Ricardo percebeu que seu pai teve dificuldade para abotoar o robe. Era um acidente vascular cerebral (AVC), e dos grandes. Foi levado ao hospital. Sobreviveu. Só que com sequelas seríssimas. Voltou para casa e não saiu mais da cama.

O AVC foi um baque para a família. Primitivo não era apenas o vovô querido por todos. Era uma referência, um dos pilares dos Padilla. Espanhol, Primitivo foi diplomata e assim foi parar na Argentina. Também pilotava aviões, foi um dos pioneiros da aviação argentina e se orgulhava da amizade que travara com outro piloto que se tornaria mais conhecido pelos dotes literários: o francês Antoine de Saint-Exupéry, autor de *O pequeno príncipe* e do menos badalado *Voo noturno*, cujo exemplar tinha a carinhosa dedicatória ao "ami" Padilla.

Fora de combate, prostrado em uma cama em casa, fazia falta no dia a dia da empresa. Ricardo montou um verdadeiro *home care* com cuidadoras e fisioterapeutas, na tentativa de recuperar os movimentos. Foram quase dois anos nessa condição, até que o coração parou de bater. Todos sentiram, mas talvez para Diego a pancada tenha sido ainda mais forte, já que ele dividia o quarto com o avô enquanto os outros quatro filhos (Fermin não tinha nascido) dormiam em dois beliches no cômodo ao lado.

Além do choque emocional da perda, ficou a conta, em pesos. Com os gastos em cuidados médicos, mais a crise da empresa, as reservas da família secaram completamente. Antes de quebrar e de se endividar para valer, Ricardo preferiu fechar a empresa. Como se não bastasse, a eleição de 1974 trouxe de volta o peronismo. Na opinião de Ricardo, o pior lugar do mundo para viver era ali e naquele momento. A Argentina andava irrespirável.

Ricardo procurou alternativas para emigrar. Canadá e Austrália ofereciam programas convidativos para profissionais qualificados como ele se mudarem com a família. Aos 45 anos e com seis filhos entre 2 e 15 anos para criar, aquela não era uma decisão simples de tomar. Ricardo adorava o Brasil, tinha ido passar férias certa vez e até feito a viagem de formatura para São Paulo anos antes. O Brasil não tinha programa específico de emigração, mas o chamado "milagre econômico" impressionava os vizinhos sul-americanos. A economia andava forte, o país estava construindo freneticamente, o mercado para engenheiros parecia promissor.

Ricardo resolveu arriscar. Embarcou em um ônibus da empresa Pluna e desembarcou em uma pensão na Bela Vista, região central da capital paulista. Comprava o jornal *O Estado de S. Paulo* aos domingos para procurar oportunidades de emprego. Aos poucos foi se enturmando com a comunidade argentina no Brasil, que se reunia no Círculo Argentino para jogar cartas, comer empanadas e beber vinho. Em três meses, não só estava empregado, como estabelecido e ganhando um bom salário como engenheiro civil. Tinha conseguido um emprego numa empresa de engenharia na avenida Paulista chamada Hayes-Bosworth e logo estaria fazendo projetos para a ampliação da fábrica da Ford em São Bernardo do Campo. O plano estava dando certo, era hora de resgatar a trupe familiar em Buenos Aires. Só havia uma questão: ele ainda não tinha um carro e sabia que precisaria de um com a família instalada no Brasil.

Um dos novos amigos do Círculo Argentino era piloto e estava sendo patrocinado por uma concessionária da Chevrolet na rua Itacolomi, no bairro de Higienópolis, onde se concentrava a maioria dos conterrâneos que viviam na cidade. O engenheiro Norberto Januzzi logo simpatizou com Ricardo e resolveu dar uma forcinha na concessionária Itacolomy. Sem um histórico financeiro, seria impossível para Ricardo financiar um veículo, até porque não dispunha de reservas para pagar o que quer que fosse. Pois foi graças à camaradagem de Januzzi que Ricardo saiu de Higienópolis rumo a Buenos Aires a bordo de um possante Opala cinza quatro cilindros para buscar a família.

Apesar de espaçoso, o Opala quatro portas não acomodava todos. Nem foi preciso quebrar a cabeça no momento da diáspora de dezembro de 1974. Os mais velhos, Alvaro e Diego, com 15 e 14 anos, tinham ficado em recuperação no colégio La Salle e viriam apenas em janeiro. Ricardo e a mulher Teresita acomodaram Javier, Têre, Facundo e Fermin e encararam os 2.558 quilômetros até São Paulo. Ricardo nem cogitou morar longe do reduto argentino na capital paulista: Higienópolis era a opção óbvia. Conseguiram um apartamento na avenida Angélica e lá recomeçaram a vida, longe dos peronistas, longe de uma crise econômica que iria se aprofundar nos anos seguintes com uma ditadura militar e uma guerra estúpida. Havia dúvidas sobre o processo de adaptação dos filhos, principalmente de Diego, que vivia e respirava o rúgbi argentino. O Brasil não tinha nem remotamente uma estrutura para praticar o esporte, faltavam clubes, não se jogava na escola. Poderia ser uma fonte de frustração e infelicidade para o adolescente, então com 16 anos. Acabou se tornando o seu desafio pelo resto da vida.

3

RIO
BRANCO
E
NIPPON

O BOATO COMEÇOU A CORRER PELO BAIRRO DE HIGIENÓPOLIS, PRIMEIRO EM CASTELHANO. "Creamos un equipo de Rugby en la escuela. ¿Quién viene con nosotros?". Fazia todo o sentido a novidade vir mesmo em espanhol, de tão numerosa a colônia sul-americana na região. O ano era 1976, e muitos exilados argentinos, uruguaios e chilenos haviam fugido das ditaduras que se implantaram nos países vizinhos. No Uruguai, o golpe militar aconteceu em 1973. No mesmo ano, o Chile viveria um processo mais traumático, com direito a bombardeio do palácio de La Moneda em Santiago e morte do presidente Salvador Allende. Na Argentina, foram, digamos, golpes no atacado. Em 1966, o general Julio Alsogaray tomou o poder, e até 1971 apenas presidentes apoiados pelos militares assumiram o poder. Em 1973, os peronistas venceram as eleições, mas não ocuparam a Casa Rosada por muito tempo. Perón morreu em 1974, e quem assumiu foi sua mulher, Isabelita Perón. Durou pouco. Em 1976, um novo golpe de Estado, aí sim, mais sangrento e com perseguições a opositores, com um custo de 30 mil vidas entre mortos e desaparecidos. Quem conseguiu escapar e escolheu São Paulo para viver estava em Higienópolis. Ali dois colégios abrigavam a maioria dos filhos de exilados políticos ou econômicos: o Rio Branco e o vizinho Teresiano.

O time de rúgbi do colégio Rio Branco nasceu da provocação de um professor de educação física. Foi Paulo Aurélio Ivan dos Santos quem desafiou a garotada a montar times de diversas modalidades, já que a Prefeitura de São Paulo estava substituindo os restritos Jogos da Primavera por um projeto mais ambicioso de competições, as Olimpíadas Infantojuvenis Escolares. O plano era ter mais modalidades e o maior número possível de escolas e jovens engajados no esporte, aproveitando a empolgação que o país vivia com as Olimpíadas de Montreal disputadas naquele 1976 no Canadá. Valia tudo, toda ideia era acolhida.

Os argentinos do Rio Branco, na faixa de 15 e 16 anos, logo levantaram a mão: rúgbi, claro que rúgbi. Só que juntar ao menos os quinze jogadores necessários para formar um time não era tão simples. O professor Paulo resolveu dar uma mãozinha. Conhecendo as aptidões físicas de seus alunos, sugeriu alguns brasileiros para se somarem a argentinos, uruguaios, chilenos e portugueses, que logo se candidataram. Um dos primeiros foi Márcio Duailibi, um grandalhão que aos 15 anos já chegara a 1,90 m e treinava handebol. Outro foi Daniel Benjamin, filho de um americano e uma carioca, que também demonstrava talento esportivo. Tanto Duailibi quanto Benjamin jamais tinham praticado rúgbi. Nem visto uma partida na vida. Não conheciam as regras, mas toparam entusiasmados a empreitada. Mesmo assim, faltava gente para completar o grupo. Benjamin tinha feito amizade com um vizinho argentino que estudava no colégio ao lado, o Teresiano. Diego Padilla foi um dos que aderiram à criação da equipe. Só que ele já era de outro patamar...

Os Padilla se ambientaram com notável rapidez no Brasil. A comunidade sul-americana no bairro ajudou, mas auxiliou mais o fato de estarem todos juntos em um país que os acolhia bem. Talvez o exemplo mais eloquente dessa recepção tenha sido o próprio Diego. Ricardo comentou com o amigo que lhe vendera o Opala cinza que seu segundo filho jogava rúgbi na Argentina. Norberto Januzzi convidou então o garoto para acompanhá-lo em um treino. Norberto também jogava e era sócio do Nippon Country Club, que tinha um campo em Arujá, na Grande São Paulo. É possível que a ideia tenha sido apenas deixar Diego dar uma olhadinha, eventualmente completar um time num treino, nada além disso. Afinal, ele estava com 16 anos, e o Nippon jogava a primeira divisão brasileira com jogadores ao menos dez anos mais velhos.

Já no primeiro treino, o lourinho argentino se destacou. Jogando como centro, Diego exibia os melhores atributos da posição. Atacando, precisava ser rápido para as arrancadas que ganham os metros fundamentais na conquista de espaço. Tinha que ter força para levar adversários de arrasto, precisava ter leitura de jogo para escolher melhores possibilidades de infiltração ou fazer mudanças bruscas de direção. Diego tinha tudo isso. E mais: a capacidade de tomar as melhores decisões já aos 16 anos. A turma do Nippon não deixou ele ir embora. Virou, ainda adolescente, titular de uma equipe de primeira divisão.

Quando o time do Rio Branco começou a ser montado, era óbvio que Diego Padilla precisava fazer parte da turma. Talvez tenha sido o argentino Daniel Cavana, do Rio Branco, ou mesmo Daniel Benjamin; não está claro quem o convidou para fundar o rúgbi do Rio Branco. O fato é que o louro sorridente do Teresiano chegou na semana seguinte e logo virou referência. As condições eram precárias, a começar pelo fato de que não havia propriamente um campo onde treinar. Eles improvisavam treinos na quadra de cimento de futsal da escola. Era recomendável evitar quedas para não sair esfolado. Compraram camisas, mas as bermudas eram as que tinham à mão. Era tudo tão incipiente que a molecada nova no esporte precisou de "aulas teóricas" para aprender regras, técnica e tática. Foram bons alunos.

A partida de estreia do Rio Branco não foi exatamente um espetáculo. Enfrentaram o Liceu Pasteur, que vinha com jovens filhos de franceses bem mais ambientados com o esporte. Foi uma batalha, com muitos encontrões e poucos avanços. A bola ficava mais no chão do que nas mãos dos garotos. Um raríssimo zero a zero, e o jogo foi decidido nos pênaltis. O Rio Branco registrou em sua primeira partida uma derrota, mas era só o começo. Desde a estreia, a equipe já revelava as características que seriam percebidas nos anos seguintes. Podiam não ter a técnica dos franceses, mas equilibraram a partida com força e uma dedicação fora do comum.

A equipe do Rio Branco foi adiante também porque aquela verdadeira legião estrangeira, com jovens nascidos em cinco países diferentes, acabou dando liga. Rapidamente se tornaram amigos, um corria pelo outro. As famílias compraram a ideia. A mãe de Daniel Cavana, uma argentina filha de iugoslavos, providenciava os sanduíches depois dos treinos. Sempre achava que tinha exagerado na quantidade e se espantava com a voracidade da garotada, que chegava suja e extenuada. Teresita, mãe de Diego, abraçou a causa das roupas. Era ela quem lavava os uniformes de toda a turma em muitas "maquinadas" de roupa.

O engajamento dos Padilla aumentaria, se tornaria folclórico. Ricardo e Teresita fizeram do rúgbi uma sucursal da própria família. Rodrigo Facundo, o Faco, seguiu os passos do irmão jogador. Apesar de quatro anos mais novo, colou no irmão. Javier também entrou na turma; o primogênito Alvaro e o caçula Fermin entrariam anos depois no esporte. O fato é que Ricardo e Teresita passaram a acompanhar todos os jogos do Rio Branco. Viraram personagens, principalmente Teresita, que berrava durante boa parte do jogo e chegava a simular corridas e "tries" na beira do campo com a filha Têre.

Apesar do carinho natural com os filhos, ela rapidamente captou o espírito do rúgbi. Esporte de contato, de força, eram naturais os encontrões, as trombadas. Mais naturais ainda os hematomas, as contusões. Dona Teresa não era exatamente aquela mãe sensível que sofria com os pequenos sofrimentos dos filhos. "Vamos, Diego, levanta logo e vai para o jogo", era capaz de dizer quando o via no chão. É verdade que quando chegava em casa voltava a ser protetora, massageando seus pés e o enchendo de carinho. Mas, no campo, o tratava como... um jogador de rúgbi.

O time do Rio Branco ganhou corpo. Mesmo com as dificuldades de treinamento (seguiam na quadra de cimento do colégio), foi melhorando. Diego era um dos professores. Ensinava o movimento correto do passe, dava dicas de tackle, ajudava na tática. Não havia um adulto supervisionando nada. Uma garotada de 16 anos se organizava para os treinos e para os jogos. Iam de ônibus, eventualmente alguns conseguiam carona dos pais, todos se viravam. Após as Olimpíadas Infantojuvenis Escolares, passaram a disputar campeonato paulista e até o brasileiro da categoria juvenil. O Clube Niterói, no Rio, era a única equipe temível fora de São Paulo. E, no quintal de casa, os franceses do Pasteur seguiam sendo a pedra no sapato do Rio Branco.

Além de realmente jogar melhor naquela fase, a molecada do Pasteur tirava onda. O time se comunicava em campo o tempo todo em francês. E fazia piadas com os adversários que não entendiam o idioma. Só que um dos jogadores portugueses do Rio Branco tinha conhecimento suficiente da língua para pegar o espírito da coisa. Era algo que acontecia nas partidas contra a escola inglesa Saint Paul, que tinha muitos filhos de sócios do São Paulo Athletic Club (SPAC), o principal clube de rúgbi do Brasil. Ali, os deboches vinham codificados na língua de Shakespeare. Apesar de mais da metade do time ser formada por brasileiros, o espanhol passou a ser a "língua oficial" do Rio

Branco. Conversas, orientações e xingamentos, tudo sempre em espanhol. Era também uma espécie de amálgama que permaneceria intacta pelos anos seguintes.

As vitórias e derrotas foram moldando a personalidade do time, mas uma viagem, em especial, ficaria na memória da maioria. Os garotos do Rio Branco foram convidados, em novembro de 1976, para um amistoso no Rio de Janeiro contra o time da Escola Americana. Eram menores de idade, todos entre 16 e 17 anos. Na noite da sexta-feira, foram embarcando em um ônibus da Viação Cometa em grupos separados. Chegaram na rodoviária de madrugada e descobriram qual ônibus os levaria até o Jockey Club na Lagoa Rodrigo de Freitas. Alguns mal alimentados, outros bem alimentados demais. Caso de Diego, que devorou algumas coxinhas de frango pelo caminho. Todos vinham maldormidos de uma viagem cheia de expectativas. O campo de jogo não passava de um grande pasto, com capim quase na altura da cintura. E o Rio Branco não fez feio. Venceu a partida, confraternizou com os adversários, como manda o esporte, voltou feliz para São Paulo. O time do Rio Branco estava ficando bom. E mesmo os jogadores que tinham aprendido a jogar naquele mesmo ano já chamavam alguma atenção. Aprenderam rápido.

Se a vida esportiva de Diego andava em velocidade acelerada, o mesmo podia ser dito da vida social. Ciumento, marcava de perto a irmã, três anos mais nova. Quando algum amigo da escola chegava junto de Têre nas festas, Diego já ia avisando: "Ei, ela é minha irmã". Mas o cão de guarda foi aliviando a marcação cerrada quando percebeu o potencial das amigas da irmã. Rapidamente se deu conta de que o sotaque espanhol era um diferencial competitivo, não um problema. E não fez a menor força para melhorar a pronúncia. Simpático, sempre com um sorriso largo, se apresentava e partia para o ataque. Era um atleta, estava em forma, mas sabia escutar as meninas e as ouvia com interesse. O resultado prático foram várias namoradas em sequência, quase todas amigas da irmã.

Nessa época, o Nippon resolveu montar também a sua equipe de aspirantes. Era comum nos campeonatos adultos haver uma partida preliminar entre as equipes B de cada clube antes do jogo principal. E o Nippon não tinha essa equipe. O time A era composto basicamente por sul-americanos, ingleses e apenas dois descendentes de japoneses. O time B acabou ficando o inverso — quase todos eram orientais e filhos dos sócios do clube.

Diego convenceu alguns dos companheiros de Rio Branco a se candidatarem para o time aspirante do Nippon. Daniel Benjamin, Paulo Colgate, Mauricio Negreiros e Márcio Duailibi entrariam no time B do Nippon. Diego levou ainda os irmãos Javier e Facundo. Mais dois bons motivos para o casal Ricardo e Teresita investirem tempo, gasolina, refrigerantes e sanduíches (sim, o chamado "terceiro tempo" dos jogos, a confraternização dos times, também era um "oferecimento família Padilla") nos fins de semana acompanhando as aventuras esportivas dos filhos e amigos.

Os fins de semana em Arujá, entretanto, estavam com os dias contados. Os sócios do clube andavam incomodados com toda aquela ruidosa legião estrangeira do rúgbi aos fins de semana. O aviso foi dado e pegou a turma de surpresa. O time iria terminar na temporada seguinte, os jogadores precisariam procurar novos caminhos. O que poderia ser uma notícia triste para o esporte terminou virando algo positivo. O grande time de rúgbi brasileiro da década de 1980 estava nascendo das cinzas do Nippon Country Club.

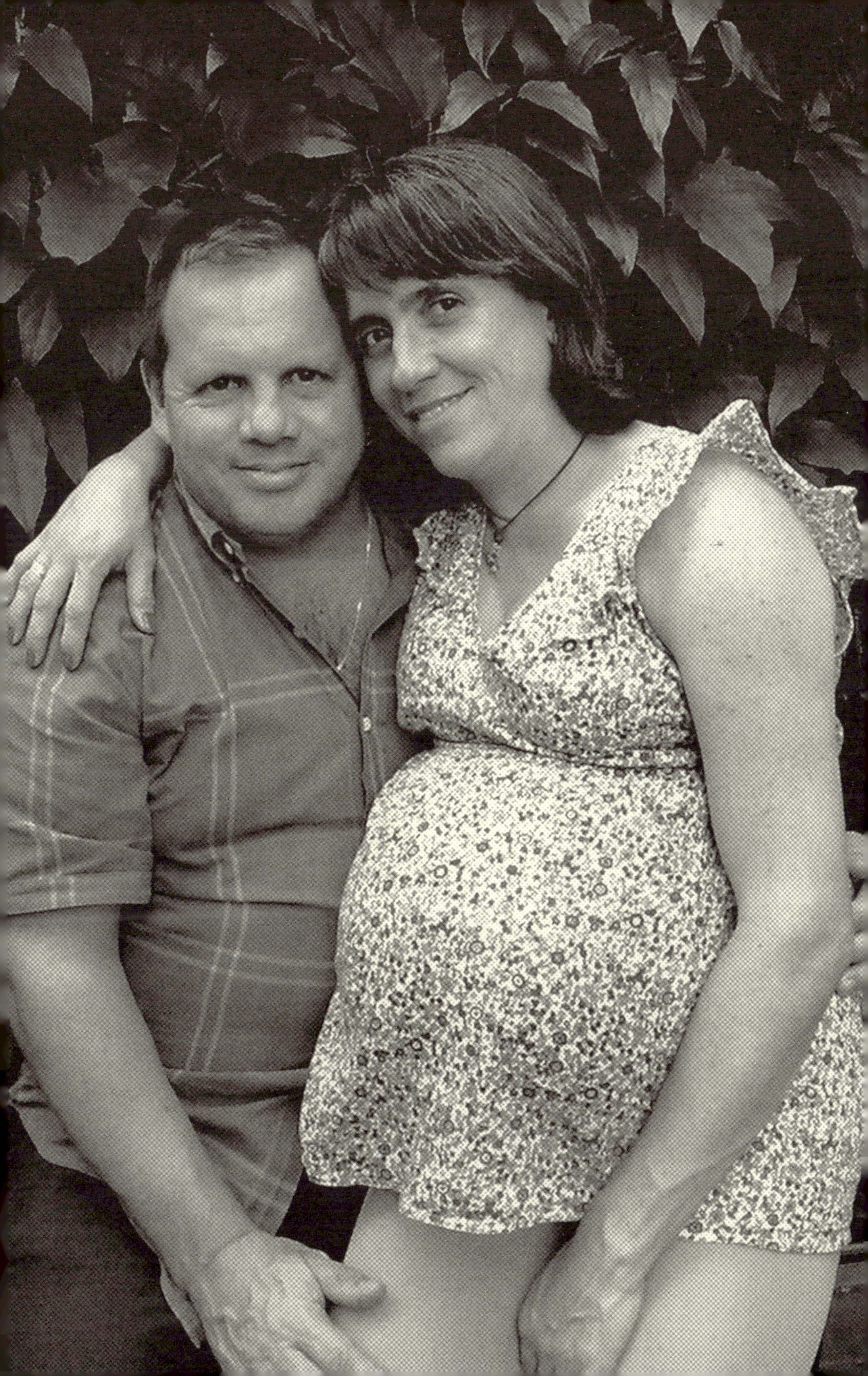

4

PROJETO ALPHAVILLE

NO INÍCIO DOS ANOS 1980, ALPHAVILLE ERA QUASE UMA UTOPIA. Um lugar tranquilo e seguro para viver com a família com o conforto das casas de campo e a praticidade de estar a poucos minutos da capital paulista. Encravado entre Barueri e Santana do Parnaíba, o bairro abrigava vários condomínios. Em um primeiro momento, os lotes eram relativamente baratos, o trânsito no início da manhã e nos finais de tarde era suportável; os principais problemas eram de outra ordem. Com pouca gente morando ali, faltavam opções de comércio e, principalmente, de lazer na região. Faltava o que fazer. O clube do condomínio, o Alphaville Tênis Clube, não era o que se poderia chamar de um "agito".

Foi quando surgiu uma oportunidade que juntou a fome de lazer com a vontade de jogar. O clube estava à procura de boas ideias para atrair mais sócios. No final dos anos 1970, um dos principais times adultos de rúgbi estava se esfarelando. O Barbarians era um amontoado de amantes do esporte que disputavam os campeonatos paulista e brasileiro. O time não tinha um clube de verdade por trás; não tinha nem sede, os treinos aconteciam no Parque do Ibirapuera. A equipe era formada por argentinos, uruguaios e ingleses e comandada por um sul-africano chamado George Thomopoulos. Engenheiro de alimentos, George tinha se transferido para trabalhar no Brasil. Quando jovem, era surfista, e dos bons. O "Grego" foi deixando as ótimas ondas sul-africanas para se dedicar mais a outro esporte, o rúgbi. No Brasil, virou capitão e técnico do Barbarians. Ainda treinava, simultaneamente, a Seleção Brasileira Juvenil. Mais que tudo, era um empreendedor, um visionário. Por amigos em comum, ficou sabendo que o recém-criado Alphaville Tênis Clube estaria disposto a abarcar novas modalidades. Tudo se encaixava. George vinha de um país que era referência em termos de organização e desempenho no rúgbi mundial. Por que não?

Formou-se a onda perfeita. O clube tinha um campo de rúgbi. Na época, além do gramado do Nippon, que estava sendo desativado, o rúgbi paulista só tinha o campo do SPAC, na zona sul da capital, ao lado da represa de Guarapiranga. Só que os ingleses do clube eram restritivos, só podiam jogar lá os adversários do próprio SPAC. Outros jogos aconteciam em campos de futebol que eram adaptados. Dois tubos de PVC de três metros eram acoplados às traves do gol para formar o "H" do rúgbi, e assim se jogava. Ter, portanto, um gramado para chamar de seu seria um tremendo luxo na época. E não era só isso. Vestiários, lugar para se reunir, assessoria de professores de educação física para a montagem de treinos e, principalmente, carinho. A contrapartida dos jogadores seria mínima: tudo o que o clube queria era que o time colocasse o logotipo do empreendimento no uniforme azul-celeste.

    O momento para montar um grande time de rúgbi não podia ser melhor. O Barbarians estava se desfazendo, e o Nippon também estava com os dias contados. George poderia escolher os melhores jogadores das duas equipes e sabia exatamente quem garimpar entre os juvenis mais promissores, já que era treinador da Seleção Brasileira. Nem precisaria gastar demais o seu poder de persuasão para convencer os jogadores a vestir a camisa celeste. Além de toda a estrutura do clube, o sul-africano era um líder fascinante. Conhecia o esporte como poucos, vinha de um país referência, tinha muito que compartilhar em termos de técnica e tática. Naquele rúgbi brasileiro "raiz", os treinadores lideravam na base do grito. George não era assim. Sabia engajar, tirar o melhor dos outros. Sabia confiar e identificar as peças-chave de um time. Logo que viu Diego jogar, ainda no Nippon, o convocou para a seleção. De cara, estabeleceram uma relação de cumplicidade. Diego liderava em campo de muitas maneiras. Ele "cantava" o jogo, sinalizando os caminhos por onde avançar com a bola. Mas liderava principalmente pelo exemplo. Não havia bola perdida. Não existia a hipótese de desistir de uma jogada. Se um dos mais talentosos jogadores do time arriscava o pescoço a cada bola, por que os companheiros não fariam o mesmo?

Por tudo isso, Diego Padilla foi uma das primeiras "contratações" de George Thomopoulos no Alphaville. Com ele veio boa parte do Nippon, que, misturado com os remanescentes do Barbarians, mais os garotos da seleção juvenil, que estavam saindo da faculdade e queriam um clube adulto em que atuar, formaria um grande time de rúgbi que se destacaria no cenário brasileiro por toda a década de 1980.

O surgimento do Alphaville se deu em um momento importante para o rúgbi brasileiro. No Rio de Janeiro, o esporte ganhava musculatura com o aumento de competitividade. Por muitos anos, o tradicional Rio Cricket reinava sozinho no Estado, sem adversários, sem um estímulo razoável para evoluir. Em meados dos anos 1970, porém, uma dissidência do Rio Cricket deu origem ao Niterói Rugby Football Club e na cidade vizinha que só se ligava por balsa com a capital fluminense (a ponte Rio-Niterói viria a ser inaugurada apenas em 1977).

Por trás do Niterói estava uma família escocesa de esportistas, os Turnbull, que se dedicava também ao futebol, à vela e ao handebol. Ian Turnbull participou ativamente da criação do clube, mas foi seu filho Colin quem fez o time acontecer. Ele jogava simultaneamente nas seleções brasileiras de rúgbi e de handebol e incentivava a formação de atletas para as duas modalidades. Professor de Educação Física, Colin fazia um tour pelas escolas de Niterói, procurando talentos e dividindo conhecimento. Assim despontou, por exemplo, o jogador Pedro Cardoso, que também era atleta de alto nível dos dois esportes e, uns anos depois, acabaria fazendo uma importante dupla com Diego Padilla. E uma terceira força ainda apareceu em 1977 para elevar o nível do rúgbi carioca: o Clube de Rugby da Guanabara.

No cenário paulista, a briga ficava também mais interessante. O SPAC seguia com força, e mais rivais apareciam no adulto. Colégios como o Pasteur passavam a ter sua versão de time adulto. O Bandeirantes e o próprio Rio Branco surgiriam anos mais tarde na primeira divisão. Além deles, o rúgbi universitário ganhava força na disputa adulta, principalmente na Medicina da Universidade de São Paulo (USP). E clubes de futebol também montavam equipes de rúgbi, como o Palmeiras e o São Paulo. Se de 1964 até 1978 a hegemonia do SPAC no rúgbi brasileiro chegava a ser aborrecidamente previsível (foram onze títulos nacionais do SPAC nesses quinze anos), dali para a frente o quadro iria mudar.

Foi nessa efervescência que os investimentos começaram a aparecer com uma consistência maior. Primeiro, em campos para jogar. Também na zona sul da capital, o Guarapiranga Country Club e a sede de campo do Palmeiras abriam espaços para as partidas. Segundo, pelo marketing em si. Patrocinadores, percebendo o alto nível financeiro dos praticantes e simpatizantes, passaram a criar competições para estampar suas marcas em partidas que eram até transmitidas pela TV Bandeirantes. Assim surgiram a Copa Itaú, o Torneio Martini, a Copa Old Eight... O momento era especialmente animador no esporte. E foi nesse cenário, muito mais competitivo do que em toda a história do esporte, que o rúgbi brasileiro viu o melhor de Diego Padilla. O argentino que nunca perdeu o sotaque se expressaria ainda melhor com a camisa da Seleção Brasileira.

5

SOY UN JAGUAR

A CARTA CHEGOU EM SETEMBRO DE 1980 À RESIDÊNCIA DOS PADILLA, EM HIGIENÓPOLIS. Estava endereçada a Diego Hernan Padilla Victoria:

La Unión de Rugby del Paraguay tiene el agrado de dirigir a Usted para invitarle a participar conjuntamente con jugadores paraguayos de las actividades que desarollará el Seleccionado Nacional de la República de Sudáfrica, "Springboks". Este equipo visitará el Paraguay del 8 al 12 de octubre, motivo por el cual la Unión de Rugby del Paraguay sintió la conveniencia de preparar un programa de difusión a nível nacional. Esperando desde ya poder contar con su colaboración y apoio, le saludamos atentamente.

Marcos Vaisenbrut,
presidente de Unión de Rugby del Paraguay

A carta precisa ser traduzida em duas dimensões para ser mais bem compreendida nos dias de hoje. Além de ser vertida para o português, ela demanda uma tradução geopolítica. Vivia-se, no início dos anos 1980, o auge do apartheid sul-africano. O regime branco dominante segregava a maioria negra do país, e os episódios de violência extrema eram frequentes. Isso a ponto de a Organização das Nações Unidas (ONU) aprovar uma série de restrições à África do Sul, em 1978, na Conferência Mundial contra o Racismo. Os países signatários da conferência não podiam manter relações institucionais com os sul-africanos. Era o caso de Argentina, Uruguai e Brasil, mas não do Paraguai.

A África do Sul era tóxica nas relações internacionais e também no esporte. Seu time de rúgbi era uma das potências mundiais, e não eram poucos os que adorariam medir forças com os Springboks. O problema era que o selecionado da África do Sul estava banido de competições internacionais oficiais. Seria preciso dar um "jeitinho" para arrumar jogos amistosos sem criar embaraços diplomáticos. Assim nasceram os "Jaguars", um selecionado sul-americano que era composto basicamente por jogadores da Seleção Argentina, de longe a melhor equipe do continente. Mas, como os argentinos eram signatários da Conferência Mundial contra o Racismo, a saída foi encontrar uma espécie de "país neutro", como o Paraguai, para sediar as partidas.

A carta que Diego recebeu para fazer parte da seleção era um convite um tanto cifrado. Nem falava em jogo, mencionava apenas a viagem dos sul-africanos e um "programa de difusão". Também dava a impressão de que o time seria o Paraguai com uns agregados, sendo que, na verdade, seria uma Argentina reforçada com jogadores paraguaios, uruguaios, chilenos e... brasileiros. Diego, que estava no processo de naturalização para seguir jogando na Seleção Brasileira, entrava na cota do Brasil com Pedro Cardoso, jogador do Niterói. Receber um convite desses equivalia a um diretor brasileiro ser convidado para a festa do Oscar em Los Angeles, com direito a sentar na primeira fila. O rúgbi brasileiro era apenas a quinta força da continente, atrás de Argentina (bem atrás), Uruguai, Chile e do próprio Paraguai.

Os Jaguares não deram nem para a saída. Ronronaram diante de uma equipe tremendamente superior. Os jornais paraguaios da época não disfarçavam a fascinação diante daquela tremenda equipe de rúgbi. "Categórica derrota imposta pelos Springboks, 84 a 6. Trata-se de uma equipe que move montanhas. Além da óbvia superioridade técnica, todos ficaram admirados com a fortaleza física dos jogadores que pareciam super-homens. No 'scrum', simplesmente arrastavam para a frente os jogadores adversários", descreveu o diário *Hora*, de Assunção.

Foi um massacre em campo, mas ninguém encarou o 10 de outubro de 1980 dessa maneira. Aquilo foi uma aula magna esportiva. Os sul-americanos estavam ali para aprender. E depois, no terceiro tempo, no jantar de confraternização, o jogo terminou empatado em gentilezas e camaradagens. Ao voltar do Paraguai, Diego desembarcava em outro patamar. Pela primeira vez o rúgbi brasileiro tinha sido representado em uma seleção continental. Principal jogador do Alphaville, clube que começava a sua hegemonia na década, Diego também era uma referência na seleção.

Era época de renovação na Seleção Brasileira. As participações nos campeonatos sul-americanos de 1979 e 1981 ficaram longe do satisfatório. Em 1979, no Chile, o Brasil perdeu por largas margens para Uruguai, Chile e Argentina, e apenas na última partida obteve uma vitória por 16 a 6 contra os paraguaios. Em 1981, mais uma série de derrotas pesadas no Uruguai. A Seleção Brasileira foi derrotada por chilenos, uruguaios e paraguaios, numa competição em que os argentinos desistiram em cima da hora.

A partir daí, o sul-africano George Thomopoulos assumiu o comando da seleção principal, e o Alphaville se tornou a base do time brasileiro. A estreia não poderia ser melhor. Um amistoso foi marcado no campo do SPAC contra uma seleção do sul do Chile. É verdade que não era a mesma equipe que havia derrotado o Brasil meses antes no Sul-Americano, mas era o rúgbi chileno, historicamente muito superior ao brasileiro. E brilhou a estrela de Diego Padilla. Vitória brasileira por 13 a 6, com um try de Diego mais dois penais anotados por Stefano Massari, que jogava no Pasteur.

A Seleção Brasileira estava com o caminho aberto para evoluir nos anos seguintes. George tinha conceitos modernos de rúgbi e contava com uma boa geração que estava espalhada por clubes como SPAC, Pasteur, Medicina, Bandeirantes e Niterói. George também se valia do fato de treinar o Alphaville, que era a base do selecionado. Assim, conseguia entrosar atletas e ensaiar jogadas no clube que seriam reproduzidas pela seleção nos campeonatos sul-americanos seguintes. O problema era a organização do esporte no país...

Após a edição de 1981, no Uruguai, o Sul-Americano seguinte, de 1983, estava programado para São Paulo. Por falta de recursos e de apoio dos governos municipal, estadual e federal, o Brasil precisou abrir mão de sediar a competição em cima da hora. Um vexame que acabou refletindo nos anos seguintes. Por falta de recursos, e talvez por alguma vergonha, o Brasil acabou não participando dos sul-americanos de 1983, 1985 e 1987. Nesse período sem competições oficiais, a saída da seleção foi enfrentar boas equipes de fora que estivessem excursionando pelo mundo.

O encontro mais relevante dessa fase foi contra os tradicionais Penguins, em meados de 1984. Combinado britânico que reunia jogadores de Inglaterra, País de Gales, Escócia e Irlanda, os Penguins eram uma mistura de atletas consagrados e jovens que recheavam o elenco e ganhavam experiência internacional. Na prática, um timaço que conseguia passagens aéreas por doação e tinha as despesas de estadia custeadas pelos países que o convidavam. Como a Confederação Brasileira estava desorganizada e sem recursos, o jeito foi improvisar. Eram dez ingleses, seis escoceses, seis irlandeses e quatro galeses que foram acomodados nas residências dos jogadores brasileiros. Uma solução mambembe, que, no entanto, agradou a todos. Os anfitriões tinham a honra de receber grandes atletas, e os visitantes ganhavam a chance de mergulhar na cultura local. Mesmo que o entendimento entre eles em inglês não fosse perfeito, a linguagem do rúgbi era universal.

Mas antes da Seleção Brasileira, os Penguins fizeram um longo "aquecimento", que durou três semanas, e amistosos contra a Seleção Carioca, o SPAC, a Seleção Paulista Universitária, a Medicina, a Seleção Paulista e o Alphaville. Enquanto os britânicos jogavam e viajavam freneticamente, a Seleção Brasileira treinava como não havia treinado nos anos anteriores. Não era apenas o jogo mais importante do ano, era a partida da vida da maioria daqueles jovens. O mais jovem deles, Sami Arap, que era fullback da Medicina, fazia sessões extras de treinos físicos para fazer parte dos 21 que estariam relacionados para a partida. Aos 20 anos, sonhava em ser profissional do rúgbi e tinha a exata noção do privilégio que seria participar daquilo. Três dias antes, estava apreensivo quando o capitão Soninha (Paulo Corrêa, também jogador da Medicina) foi lendo a relação dos titulares. Quando ouviu seu nome, Sami estremeceu. Estrearia na Seleção Brasileira justamente naquela situação. Numa partida contra os Penguins que seria transmitida ao vivo pela TV Bandeirantes. Sentiu um tapinha na perna. Era Diego, craque do time e seu ídolo. "Ei, patito, primeira, hein?". Sami não se esquece daquele sorriso de quem conseguia entender exatamente a emoção que o calouro estava sentindo.

O grande jogo aconteceria no sábado, e na véspera o time estava reunido para o último treino. Terminada a sessão, o técnico César Alves avisou o grupo: "Esperamos muito por essa partida de amanhã. Hoje, às dez da noite, todo mundo na cama. Amanhã, dez da manhã, todos no SPAC. Não é para sair hoje, entenderam?", disse, fuzilando com os olhos os jogadores mais novos, caso de Sami. O novato tinha treinado dobrado, se esforçado um bocado para estar no grupo. Seu modo de focar no jogo não era trancado e pensativo no quarto — queria dar uma volta, espairecer. Sami resolveu dar uma passada no bar Terceiro Tempo, no bairro dos Jardins, tomar uma bebida antes de dormir. Estava saindo do bar, já por volta de uma da manhã, com uma caipirinha na mão, quando deu de cara com Diego Padilla. O craque do time disfarçou o susto com uma bronca em portunhol. "Patito, te peguei. Bebendo a essa hora? Amanhã você não vai jogar." Sami era um garoto, tinha Diego como ídolo, mas também tinha personalidade. "Como assim, 'te peguei'? E você, o que está fazendo aqui a essa hora também?". O constrangimento durou alguns segundos. Olharam um para a cara do outro, deram risada e voltaram ao bar para a saideira. No dia seguinte, depois da partida, os dois contaram ao treinador a traquinagem e se desculparam.

A partida contra a Seleção Brasileira carregava um ar de despedida: os britânicos já tinham estabelecido laços com os adversários, que esbanjaram carinho como anfitriões. Alguns dos jogadores da seleção já tinham participado de amistosos anteriores, caso de Sami, que tinha enfrentado os Penguins pela Medicina, pela Seleção Paulista e agora estava com a camisa 15 da Seleção Brasileira. Era o caso também de Faco e Diego Padilla, que tinham entrado em campo antes pela Seleção Paulista e pelo Alphaville.

Mas o clima de camaradagem teve uma pausa no exato instante em que o juiz apitou o início da partida no campo do SPAC. Os brasileiros até dificultaram a vida dos Penguins, que marcaram "apenas" oito tries, o menor número de toda a gira. No final, 52 a 0 e abraços. Era hora do terceiro tempo, da confraternização, das histórias. Banho tomado, todos se vestiam formalmente, como reza a tradição do esporte. Os Penguins de terno e gravata, os brasileiros de calça cinza, camisa branca e blazer azul com o brasão da Associação Brasileira de Rugby. Várias cervejas depois, os britânicos desfilavam o vasto repertório de músicas. Lá pelas tantas, pediram aos brasileiros para "cantar uma aí". Silêncio constrangido, pois não era da tradição brasileira do esporte cantar ali, não havia músicas. Diego ainda tentou remendar, lembrando canções argentinas de estádio, só que ninguém sabia acompanhar. Foi o abertura Carlos Alberto Beré, o Berê (o sobrenome francês foi aportuguesado no apelido, e a pronúncia ganhou o acento circunflexo), quem salvou a turma. Engatou a junina *Cai, cai balão*, que foi entoada entre muitas gargalhadas. Menos mal que nenhum britânico tenha pedido tradução para saber que aquilo não era música pós-jogo nem em Piraporinha nem em Liverpool.

Antes do final, o capitão dos Penguins, Nick Martin, pediu a palavra para agradecer: "Não temos nem como expressar nossa gratidão pela recepção nessa nossa gira de um mês pelo Brasil. Aproveitamos para fazer uma votação e escolher o MVP (melhor jogador) entre todas as partidas: foi Diego Padilla". Uma avalanche de palmas e assobios das duas equipes. Ele foi pego de surpresa, não esperava algo assim. Ter o talento reconhecido pelos grandes do esporte já era incrível, mas aquele entusiasmo espontâneo dos companheiros era o que pegava, o que o deixava desconcertado. Soltou um "gracias" seguido de um "obrigado" engasgado enquanto tomava um grande gole de cerveja. O sujeito que esbanjava carinho com os outros parecia não estar preparado para receber de volta tanto carinho.

6

BRASILEIRO E BRASILEÑO

"**B**ASTA!".

Essa foi a reação do engenheiro Ricardo Padilla ao abrir pela manhã o jornal *O Estado de S. Paulo* de 26 de abril de 1982. O jornalão estampava em sua manchete a notícia de que o submarino argentino ARA Santa Fé tinha sido afundado. O ataque ocorrera na baía de Grytviken, nas ilhas Geórgia do Sul. A Guerra das Malvinas estava efetivamente começando, era o primeiro confronto real entre as duas forças em um conflito que começara três semanas antes com a tomada das Ilhas Falkland e o hasteamento da bandeira argentina. Essa disputa entre os dois países pelo reconhecimento do remoto arquipélago composto por três ilhas a 2 mil quilômetros de Buenos Aires já durava 150 anos. O cambaleante governo militar argentino tentara resgatar sua popularidade com a tomada das

Malvinas, mas não contava com uma forte e imediata reação militar do também impopular governo inglês da primeira-ministra Margaret Thatcher, que vivia uma forte crise econômica. Uma guerra absurda surgia do nada, como forma de resgate da popularidade — primeiro dos argentinos, depois dos ingleses.

Ricardo Padilla já tinha prestado serviços ao Exército argentino construindo pontes e em outras obras, portanto respeitava a instituição. Mas não aceitava a ditadura militar e odiava a junta militar que comandava o país desde 1976 tanto quanto odiava os peronistas. Naquele dia, ao perceber que estava começando uma guerra sem sentido que terminaria dois meses depois com 972 mortos e a rendição argentina, sentiu vergonha de seu país e tomou uma decisão: iria buscar a nacionalidade brasileira. Quem não sabia disso era o repórter Ernesto Paglia, da TV Globo. Com a eclosão da guerra, procurou para sua reportagem argentinos nacionalistas que dessem depoimentos. A família Padilla era conhecida na comunidade argentina paulista até pelo barulho que fazia nos jogos de rúgbi. Paglia foi até o apartamento de Higienópolis e logo descobriu que batera na porta errada. Ricardo soltou os *perros* no general Leopoldo Galtieri, o comandante que enfiou o país numa aventura que acabaria muito mal. Se a ideia era encontrar alguém que achasse que as Malvinas eram argentinas, o fracasso foi total. A entrevista nem foi ao ar.

A relação de Ricardo com o Brasil era de afeto, de gratidão. Chegara com uma mão na frente e outra atrás e meses depois já estava empregado, valorizado. Trouxe a numerosa família para morar, e todos foram recebidos de braços abertos. Três filhos seus viriam a se tornar jogadores da Seleção Brasileira de Rugby. No fundo, os Padilla se sentiam e até eram reconhecidos como se fossem brasileiros. Em 1982, a revista *Visão* publicou uma matéria de página dupla sobre o crescimento do rúgbi no Brasil. A grande foto que ilustrava a reportagem era de dona Teresita abraçada aos filhos Facundo, Javier e Diego, todos devidamente vestidos com o uniforme da Seleção Brasileira e com uma bola de rúgbi. A matéria relatava a ligação de todos com o esporte e lá pelas tantas tascava: "É o caso dos Padilhas, família paulistana que morou algum tempo em Buenos Aires. A matriarca, dona Teresita, lembra que eram raros os finais de semana em que ela, marido e filhos não iam a um estádio...". Além de ter grafado o sobrenome com "lh", abrasileirando o "Padilla" para "Padilha", o repórter sugeria que se tratava de paulistanos que haviam morado em Buenos Aires, e não de imigrantes argentinos. O equívoco, de certa maneira, foi induzido pela imediata adaptação dos Padilla ao novo país.

O processo de naturalização de Ricardo acabou ficando pelo meio do caminho. A vergonha e a fúria pela entrada do país na enrascada das Malvinas foram vencidas pelo aborrecimento todo do processo, excessivamente arrastado e burocrático. Lá pelas tantas, Ricardo se desinteressou e seguiu brasileiro de coração e argentino no papel. Diego, pressionado pela Confederação, abriu o seu processo de naturalização e se tornaria brasileiro pouco tempo depois. A Federação Internacional de Rugby passava a ser menos flexível na questão das nacionalidades das seleções. Era importante que Diego, o principal jogador da época, tivesse um passaporte verde-

-amarelo. Javier não participou de tantos jogos pela Seleção Brasileira, mas também fez andar sua naturalização porque prestaria concurso e se tornaria auditor da Receita Federal, ofício que exigiria a naturalização. Faco abriu o processo e anos depois recebeu sua cidadania brasileira. Para o rúgbi brasileiro, o simples fato de ter um processo aberto era suficiente para regularizar a situação esportiva. Na época da Guerra das Malvinas, portanto, o único "brasileiro" dos Padilla era Diego, o que não deixava de ser uma ironia, já que talvez fosse o mais "argentino" dos seis filhos de Ricardo.

Numa curiosa coincidência, um ano antes da eclosão da guerra, Diego teria um "contato bélico" com personagens importantes do conflito. Era o ano de 1981, e o navio de patrulha no gelo HMS Endurance passaria pelo porto de Santos. Os componentes da esquadra da Marinha inglesa tinham um time de rúgbi e procuraram saber se haveria alguma possibilidade de jogar naqueles dias. O argentino Roberto Troster, amigo de Diego e diretor da Associação Brasileira de Rugby, ficou sabendo do desejo dos marinheiros e armou uma partida da Seleção Paulista no campo do SPAC, em São Paulo. Era para ser um amistoso, mas ficou bem distante disso. Os ingleses resolveram jogar mais pesado e a seleção paulista respondeu à altura. Pancadaria franca no jogo e vitória paulista nas cotoveladas e nos tries. Mal sabiam Diego e Troster que aqueles ingleses se tornariam personagens na Guerra das Malvinas. A rendição final da guerra se daria a bordo do HMS Endurance. A argentina perdeu a guerra e a compostura nas Malvinas, mas Diego e Troster venceram a batalha do SPAC um ano antes, no placar e na mão.

Ao longo da vida, Diego jamais perderia o forte sotaque portenho. Javier, Teresita e Facundo se adaptariam com muito mais facilidade ao idioma local. O temporão Fermin, que chegara ao Brasil aos 2 anos, fora alfabetizado em português, e tinha zero sotaque. O mais velho, Alvaro, não. Era abrir a boca para o interlocutor perceber que lá estava um hispânico. Diego era ainda "mais argentino". Nem era apenas a questão do idioma em si, mas a forte ligação que mantinha com Buenos Aires, com o bairro de Flores, com as pessoas. Sempre que podia, voltava para sua cidade natal e ficava na casa de Horácio e Elvira Dotti. Elvira tinha morado com os Padilla e era uma "irmã de criação" deles. Acabou se casando com Horácio, professor da escola do bairro de Alvaro, Diego e Javier. Os laços eram fortíssimos. A relação de Diego e Horácio não era de aluno-professor nem de "cunhados postiços", já que Elvira se transformou na prática na sétima filha de Ricardo e Teresita. Horácio era meio pai, meio amigo, identificação total. Além dele, havia Memo, o amigão do rúgbi, e Oscar Alonso, companheiro inseparável de escola. Oscar descobriu cedo a vocação religiosa e se tornou padre. O que poderia ser uma razão de distanciamento os aproximou ainda mais. Padre Oscar virou um misto de amigo e conselheiro espiritual pelo resto da vida. Quando se encontravam ao longo dos anos, conseguiam debochar, provocar, se xingar. Jogavam cartas, bebiam e comiam juntos, rindo como velhos amigos. Mas, quando Diego enveredava por questões mais sérias, precisava de aconselhamento, acolhimento, saía o parceirão e entrava o sacerdote. Oscar virava padre Oscar automaticamente.

Talvez fosse pela ligação emocional com a Argentina, talvez apenas uma atrapalhação linguística. O fato é que Diego sempre misturou as duas línguas com gosto. Não se importava com isso. Parecia se divertir quando ele mesmo era o alvo de bullying. Anos depois, já técnico do Alphaville, perdeu a paciência antes de começar um jogo. Na beira do campo, percebeu que seus jogadores estavam com a concentração prejudicada por questões menores. Um pedia esparadrapo, outro queria um cravo de chuteira, o terceiro pedia a chave para ajustar o cravo... De repente, Diego berrou: "Carajo!! Vocês não aprenderam ainda? Quem vai jogar rúgbi precisa respeitar os três erres. Tem que ter relógio pra chegar na hora. Precisa ter roupa e uniforme todo completo, cravo, esparadrapo. E, carajo, já tem que chegar 'rumado' pra jogar!". A bronca teve pouco efeito. Os comandados tiveram câimbras de tanto rir com a parábola dos três erres. E a história, claro, sempre voltaria entre a turma do rúgbi, principalmente após as cervejas dos terceiros tempos.

7

A FORÇA DA CONFRARIA

TÃO DIFÍCIL QUANTO JOGAR RÚGBI É ENTENDER VERDADEIRAMENTE A SUA ESSÊNCIA. Os esportes coletivos de bola e contato costumam gerar comportamentos semelhantes entre os atletas. Quanto mais competitivo for o ambiente, mais agressivos são os embates. No geral — e isso vale para o futebol, o basquete e o handebol —, jogadores esgarçam a leitura das regras para levar vantagem. Tentam enganar a arbitragem, vão até o limite na tentativa de pressionar e intimidar o dono do apito. A vontade de vencer desafia a ética esportiva até o limite. Faz parte da psiquê esportiva, faz parte da natureza humana.

O rúgbi é diferente. A régua é outra. Quem ingressa no esporte logo é apresentado às regras (que não são complicadas, como comprova o glossário deste livro, a partir da página 179) e, principalmente, aos valores. Competitividade extrema, sim, agressividade também. Até aí há semelhança com outros esportes de contato. A diferença começa a se dar no fator "disciplina". O jogador de rúgbi não reclama de arbitragem. Aliás, nem se dirige ao árbitro. O único que pode fazer isso é o capitão. E o faz em um tom absolutamente diferente dos outros esportes, com formalismo e muito respeito. A rivalidade entre os jogadores adversários é outro ponto fora da curva no grande balaio dos esportes. Nos 80 minutos de partida, há encaradas, empurrões, entradas mais fortes. A virilidade do rúgbi, inclusive, pode ser avaliada até como superior à verificada em outras modalidades. Virilidade, porém, não é sinônimo de violência.

A maior diferença de todas se dá mesmo no pós-jogo. Basta a partida terminar para os jogadores se abraçarem. E são abraços menos protocolares e mais sinceros do que em outras modalidades. Sempre que possível, o rúgbi coloca equipes adversárias nos mesmos vestiários. O conceito de que "o confronto acabou" é radicalizado. Banho tomado, hora do terceiro tempo. A tradição do esporte recomenda que a equipe anfitriã ofereça comes e bebes (com muito mais ênfase nos bebes...) e confraternize. Os britânicos criaram o xandy, uma mistura de cerveja e refrigerante que combina a necessidade de reposição de açúcar perdido no suor da partida com a vontade de comemorar a vitória ou afogar as mágoas da derrota. Os brasileiros entendem a tradição, mas já vão direto ao ponto: a leve cerveja pilsen nacional não precisa de soda alguma.

O terceiro tempo é a melhor tradução do rúgbi, mais até que os dois tempos anteriores de bola voando ou bola correndo. Nesse instante, adversários que se cutucavam minutos antes se elogiam mutuamente. Trocam experiências, oferecem dicas. Gentileza, respeito, uma generosidade que muitas vezes desemboca em amizades duradouras. Esse é o espírito do rúgbi ensinado nas escolas e praticado pelo mundo. Alguns entendem rápido, outros demoram mais. No caso de Diego Padilla, foi um encontro mágico, ele provavelmente já veio *rugbier* de fábrica. Nasceu com todos os princípios nos genes, o contato efetivo com o esporte apenas potencializou o que estava latente.

Ainda nos tempos de Daom em Buenos Aires, de Rio Branco e Nippon, no Brasil, Diego era reconhecido tanto pela qualidade esportiva quanto pela personalidade agregadora. Chegava e "preenchia" o ambiente. Falava alto, transformava cabeludos palavrões em demonstrações de carinho. Apesar de geralmente ser o mais talentoso dos grupos de que participava, fazia questão de se comportar como se fosse apenas mais um no elenco. No Daom, ele e o amigo Memo chegavam antes nos jogos, levando o uniforme de todos. No Rio Branco, até poderia se comportar com a marra do craque que já era, jogando inclusive em uma equipe adulta de primeira divisão. Mas se preocupava com os iniciantes, orientava como dar tackles, encorajava os mais tímidos. No Alphaville e na Seleção Brasileira não foi diferente. Vibrava com os feitos dos companheiros como se fossem dele mesmo.

A generosidade era alargada até para quem tinha saído do raio de ação. Quando soube que o amigo de escola Daniel Benjamin (que tinha se mudado para os Estados Unidos) estava passando férias no Brasil, logo deu um jeito de convidá-lo para um treino no Alphaville. Era o ano de 1982, o Alphaville era uma equipe entrosada e poderosa. Benjamin era um bom jogador, só que estava fora de forma. Tinha passado os últimos meses praticamente só estudando para se formar em engenharia na Universidade da Califórnia. Imaginava que iria assistir a um treino, eventualmente completar o time se faltasse alguém. O treinador do Alphaville era El Loco Gatti, que havia treinado Diego e, por alguns poucos meses, o próprio Benjamin no Nippon. No final, no momento de definir a equipe titular que jogaria a partida no sábado, Gatti escalou Daniel Benjamin como titular com a camisa 8. Era coisa de Diego, que tinha passado uma conversa no treinador. Benjamin jogou, fez try e não cabia em si de alegria. Pela oportunidade de ser titular na melhor equipe brasileira da época, sim, mas principalmente pelo afago do amigo. Diego era danado.

Esse jeito de ser foi semeando amigos por onde passava. Não eram apenas os companheiros de time, mas também os adversários. Era difícil não se encantar com aquele sujeito animado, divertido, que tinha a estranha mania de escutar verdadeiramente os interlocutores. A atenção desinteressada pelos outros era genuína. Diego vivia o rúgbi, se pautava pelos princípios do esporte, era sua razão de viver. Ok, mas precisava arrumar um trabalho para ajudar com as despesas em casa. A comunidade argentina mais uma vez apareceria no caminho dos Padilla. Às vésperas de completar 18 anos, Diego soube que um empresário argentino estava expandindo seu negócio no Brasil e precisava de mão de obra. Literalmente, mão de obra...

A Schwanek Recuperación Capilar buscava mais funcionários para suas sedes na avenida Faria Lima, zona sul de São Paulo, e na avenida São Luís, no centro da cidade. A clínica não trabalhava com implante capilar. Seu negócio era outro. Oferecia uma espécie de "ginástica capilar" para ativar a circulação do couro cabeludo. Diego aprendeu rápido o método e logo já estava ensinando a outros e supervisionando a unidade da Faria Lima, mesmo sendo tão jovem. Aliás, juventude era uma das características do lugar. Alguns meses após entrar na Schwanek, já estava indicando gente para as vagas que apareciam. Seu irmão Facundo haveria de aprender rápido o ofício, tinha certeza. O problema era que ele não tinha nem a idade mínima para ter carteira de trabalho assinada. Mesmo assim, Faco chegou e começou a trabalhar. E foram "enrolando" até ele completar 14 anos. O moleque, forte e corpulento do rúgbi, até aparentava ser mais velho. Mas não passava de um adolescente que queria seguir os passos do irmão mais velho e estava sendo precocemente inserido no mercado de trabalho.

Diego tinha passado no vestibular e entrou na Faculdade de Administração da Pontifícia Universidade Católica (PUC) em São Paulo. O trabalho de massagista capilar não parecia ter grande relação com a profissão que tinha escolhido. No Alphaville, comentou com os companheiros de time que buscava algo mais relacionado à faculdade. Na hora, o camisa 10 da equipe, Cláudio Furusho, transformou a vontade em missão. Furusho era sócio do clube Nippon, lutava karatê e um dia aceitou a sugestão do pai para conhecer a turma do rúgbi na sede do Arujá. Adorou o esporte e foi jogar no time B do clube. Compensava a baixa estatura com muita velocidade. Tinha a mesma idade que Facundo Padilla, viraram companheiros de time e amigos para o resto da vida.

O ídolo da dupla jogava na equipe A e ficou mais ídolo quando os convidou para irem ao Alphaville, que estava formando uma equipe. Alguns meses depois, já estavam todos jogando juntos no mesmo time. Furusho, como abertura, passou a jogar lado a lado com Diego. Aprendeu tanto com as dicas e as broncas que foi parar também na Seleção Brasileira, e viria a ser escolhido o melhor jogador de rúgbi do país anos depois, em 1984.

Furusho foi atrás de amigos e conhecidos. A busca durou pouco. O pai de Cláudio, sr. Yujiro Furusho, tinha uma empresa de serviços de tecnologia e conhecia o ídolo do filho. Aquele argentino articulado e responsável talvez fosse um bom profissional também. Não se equivocou. Assim, Diego entrou como auxiliar administrativo e rapidamente subiu na estrutura da FK, trabalhando com atendimento e vendas. Apesar do progresso, trabalhava em uma empresa pequena, com limites ao seu crescimento profissional. E, de novo, uma conexão do rúgbi mudou a sua vida.

Quando chegou a São Paulo e foi jogar no Nippon, Diego se entrosou rapidamente com todos no clube. Não só com os garotos de sua geração, mas com a turma mais veterana que por lá jogava. Um desses era Alexander Roig, que viera morar no Brasil em meio a uma onda de sequestros de empresários na Argentina. Seu pai, Miguel Ángel Roig, era um executivo do conglomerado da Bunge & Born e viria a se tornar ministro da

Economia anos depois. Quando Alexander começou a trabalhar na Sanbra, o braço brasileiro da Bunge no setor alimentício, lembrou que o articulado craque do time do Nippon estava cursando faculdade de Administração. O entrosamento profissional repetiu o esportivo. A experiência na FK, combinada com a bagagem teórica que acumulava no curso de Administração da PUC, ajudou bastante na carreira. Mas o verdadeiro salto profissional veio na Sanbra. Foi assistente da gerência de produtos e passou a trabalhar com planejamento de marketing, publicidade, distribuição, vendas. Era quase como se estivesse fazendo um segundo curso universitário, só que recebendo para isso, em vez de pagar a mensalidade, como na PUC.

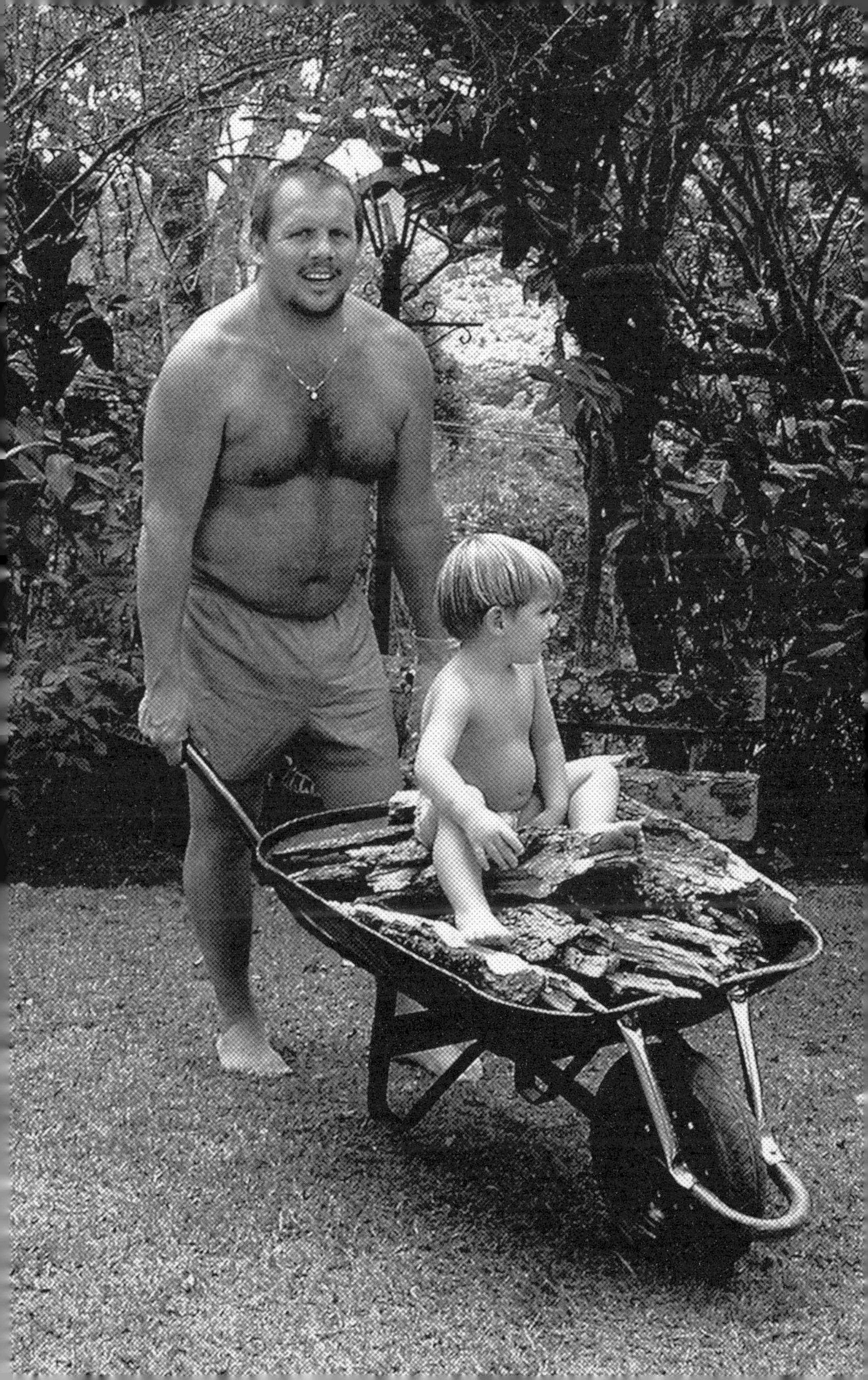

8

SCRUM TRÁGICO

EM 1983, OS PADILLA TOMARAM UM TREMENDO SUSTO. Diego, Javier e Facundo jogavam no mesmo clube. Os pais eram incansáveis, acompanhando as aventuras esportivas dos filhos. O pequeno Fermin já dava os primeiros tackles, a irmã Teresa torcia, respirava-se rúgbi no apartamento da avenida Higienópolis. Ninguém obrigou o primogênito da família a entrar no esporte, mas o fato é que Alvaro decidiu "começar velho" no rúgbi, aos 18 anos. No início dos anos 1980, foi para o Alphaville B. Era mais rechonchudo, e pelo tipo físico foi escalado para jogar de pilar.

Era mais um domingo de rúgbi, a equipe B faria a preliminar para depois o Alphaville A entrar em campo. Diego e Facundo torciam pelo irmão mais velho, que, paradoxalmente, era o "caçula esportivo". Em um scrum, a primeira linha não formou direito e a segunda empurrou. Um scrum desencaixado é sempre um perigo, muito peso pressionando algum jogador. No caso, Alvaro Padilla, que foi soterrado pelos companheiros e adversários.

O estrago foi considerável, lesão medular. Foram seccionadas a sétima, a oitava e a nona vértebras. Na hora, não se tinha noção da extensão da lesão. Foi levado ao pronto-socorro, fez exames superficiais e foi liberado. Voltou para casa e não dormiu de tanta dor. Um quiroprata amigo argentino foi chamado, examinou-o e percebeu a gravidade da lesão. Estava na cara que precisaria voltar ao hospital e de lá não sairia tão cedo. Alvaro teve que passar por cirurgia e pelo torturante sistema de tração, que nada mais é do que o uso de pesos para a correção da fratura. Alvaro tinha na cabeça uma espécie de coroa, com um fio de aço que ia esticando progressivamente a coluna. Na outra ponta do fio, um saco de areia que começou com 500 gramas e chegou a 3 quilos.

O sofrimento de Alvaro era o sofrimento de todos. Os Padilla eram tremendamente unidos e compartilhavam de verdade as alegrias. A vitória de um era a vitória do outro. O acidente ocorrera no mesmo dia em que Facundo completava 18 anos. Foi o pior aniversário de sua vida. A data de 7 de março passou a significar dia de dor a partir de então. Diego e todos os irmãos sofreram juntos. A coesão da família era na alegria, mas também na dor.

O calvário durou 40 dias. Parecia que não poderia piorar, mas piorou. Concluída a tração, começou o gesso. Alvaro foi mumificado da cintura até a cabeça. Apenas o rosto ficava de fora.

Não conseguia se sentar, porque a dobra do gesso incomodava. Foram mais três meses praticamente deitado e se entupindo de anti-inflamatórios. Vieram a úlcera e fortes hemorragias provocadas pelos remédios. Em uma tarde, Alvaro piorou. A ambulância chegou ao prédio, mas não era possível descer pelo elevador, porque ele precisava ser transportado deitado. A sorte foi que a turma do rúgbi estava em visita aos Padilla, e o treino físico daquele dia foi "transporte de amigo na escada". Alvaro chegou ao hospital já em estado grave para uma cirurgia de emergência. Antes de atacar o problema da úlcera, porém, era preciso cortar o gesso. E rezar, porque a equipe médica já havia desenganado a família. Até o padre estava acionado para a extrema-unção. O rúgbi, que tantas alegrias tinha dado a todos na família, aprontava uma daquelas. Sabe-se lá como, Alvaro virou o jogo. Resistiu à cirurgia, consolidou as fraturas, saiu dias depois andando do hospital. Mas nunca mais jogou rúgbi...

Passado o susto com o irmão mais velho, a vida voltou ao normal para Diego. Trabalho, faculdade e rúgbi. Quando trabalhava no segmento de óleos da Sanbra, conheceu uma estagiária. O namoro com Cristiane Cury foi rápido, ambos tinham pressa para casar. Talvez pressa demais. Apesar de expansivo, comunicativo, festeiro, Diego tinha o desejo de formar sua própria família o mais rápido possível. Ele vinha de duas famílias vencedoras, os Padilla e o rúgbi. Cris também parecia querer sair da casa dos pais, ter a sua própria vida. Foram menos de dois anos se conhecendo, muito pouco levando em conta que o tempo livre de Diego era mínimo em uma agenda que espremia trabalho, faculdade e muito rúgbi.

Esse período de convivência ficou ainda mais curto, porque Cris deixou a Sanbra para fazer um intercâmbio fora do Brasil. O país escolhido? Para a satisfação de Diego, Cris optou pela África do Sul, o país do rúgbi, a casa dos incríveis Springboks. E claro que nas férias ele deu um jeito de ir visitá-la. A viagem foi uma imersão no rúgbi. Visitaram estádios nas cidades por onde passaram, Diego conseguiu se encontrar com dirigentes sul-africanos, e até uma corrida de táxi saiu de graça quando contou que era jogador de rúgbi no Brasil. Talvez em nenhum país do mundo existisse tanto fanatismo por esse esporte quanto na África do Sul. Cris entrou na onda, comprou camisas, passou a acompanhar os jogos no Brasil. Só que o casamento durou pouco, apenas dois anos. Eles não se conheciam o suficiente para arriscar a vida a dois. E Diego não ficou bem com o rompimento. Para alguém que prezava tanto as tradições, aquela foi uma tremenda ruptura, uma derrota. Ficou irritadiço a ponto de os companheiros de Alphaville perceberem que seu jogo tinha mudado. Estava mais descontrolado, até violento, todo jogo era uma guerra. Menos. A vida precisava seguir.

Roig saiu da Sanbra em 1985, e Diego conquistou mais um avanço profissional. Virou gerente de uma indústria de azeites chamada JB Duarte e uniu duas aptidões. Apaixonado por comida, estava no ramo. Bom de conversa, passou a trabalhar diretamente com vendas e vendedores. Deu certo, e poderia ter feito uma carreira ainda mais longa na JB, não fosse o chamado do amigo argentino Alexander, que montava a Roig & Associados. Ali, por três anos, trabalhou com projetos variados para

Shell, Procter & Gamble, Móveis Fiel (onde depois se tornaria gerente) e outros.

A rotina seguia pesada. Trabalho durante o dia, faculdade à noite e... o rúgbi em todos os outros momentos. Além do Alphaville, com treinos no meio da semana e jogos aos domingos, Diego deu um jeito de jogar também na equipe da PUC. Fora as partidas de Seleção Brasileira, as eventuais viagens que precisavam ser negociadas no trabalho, as aulas que ficavam para trás. Diego era um equilibrista, e a cada momento um prato novo era adicionado ao número que fazia.

Por toda a década de 1980, o respeitável público aplaudiu o malabarista. Conseguia trabalhar bem, tocou a faculdade sem grandes dificuldades e jogou rúgbi. Como jogou! O Alphaville empilhou títulos estaduais e nacionais. Foram nada menos do que dez paulistas e dez brasileiros em treze anos, de 1980 até 1992. Já no primeiro ano, em 1980, veio a tríplice coroa com os títulos Brasileiro, Paulista e Seven. E sempre com jogos duríssimos contra Pasteur, Bandeirantes, Medicina, São Paulo e Niterói. Os rivais se revezavam para acabar com a hegemonia do Alphaville. Não era simples. Por aquelas coincidências da vida, uma geração talentosa calhou de se encontrar no mesmo time. E eram jogadores que se complementavam em características diferentes. Uns mais rápidos, outros mais duros, grandes tackleadores, chutadores precisos, havia de tudo. Diego e Faco Padilla, Furusho, Pallanti, Paulão, Renato Massagão, Sérgio "Negro" Mendez, Robertinho Araújo... Por treze anos o time trocou nomes, mas o desempenho não mudava.

O Alphaville estava sempre disputando alguma competição. Era o time a ser batido. Todo mundo queria tirar uma casquinha da equipe dominante. Por isso todo jogo era uma guerra, não havia como relaxar. Treino na quarta-feira, partida no fim de semana, a impressão era que não sobraria tempo para mais nada. Só que havia a Seleção Brasileira, que mexia com as emoções da maioria. A seleção era uma questão mal resolvida no rúgbi brasileiro em meados dos anos 1980. Afastada dos campeonatos sul-americanos desde 1981 pela incapacidade dos dirigentes, que não conseguiam oferecer uma estrutura mínima para o esporte, a seleção precisava retomar a sua importância. Nesse aspecto, um amistoso marcado contra os franceses ganhou relevância.

Em 1985, a Seleção Brasileira foi novamente chamada, sob a supervisão técnica de César Alves e treinada pelo francês Alain Baqué. Em maio, a Seleção Francesa, a caminho da Argentina para enfrentar os Pumas, desembarcou no Rio de Janeiro para um amistoso contra o Brasil. Os dois países entraram em campo no dia 5 de junho. Os franceses contavam com grandes nomes do rúgbi francês, como Philippe Sella, Serge Blanco, Patrick Estève, Éric Bonneval, Laurent Rodriguez, Jean-Luc Joinel, Francis Haget, Jean Condom e Philippe Dintram. Essa turma seria vice-campeã da Copa do Mundo dois anos mais tarde. O Brasil não fez feio. A vitória francesa foi até modesta, pela imensa diferença técnica e física entre as equipes. O 41 a 6 para os visitantes, no campo do Rio Cricket, animou o rúgbi brasileiro a retomar sua rotina internacional de competições. A volta às competições oficiais ainda tardaria um pouco mais.

Apenas em 1989, depois de oito anos na geladeira, o Brasil voltaria a encarar um Campeonato Sul-Americano.

O retorno brasileiro ocorreu no Uruguai, dentro do costumeiro equilíbrio de forças na região. A Argentina deveria ficar com o título sem dificuldades, Uruguai e Chile brigariam pelo segundo posto, e o Brasil tentaria ficar com a quarta posição diante do Paraguai. O desafio era fazer o jogo mais digno possível contra argentinos, chilenos e uruguaios e disputar a valer o quarto lugar contra os paraguaios. E foi, de fato, o que ocorreu: derrotas para Uruguai e Argentina. O Brasil até fez um bom jogo contra o Chile, perdendo por 49 a 20. Mas o melhor ficou mesmo para o confronto contra o Paraguai. Em uma bela exibição de Diego Padilla, o Brasil venceu os paraguaios por 40 a 11. Foi a vitória mais expressiva até então no confronto entre os dois países.

Em 1991, o Sul-Americano ganhou novo formato, passando a ser disputado pela primeira vez com jogos na casa de todos os participantes. Com isso, o Brasil voltou a receber jogos do Sul-Americano pela primeira vez desde 1973, com os dois primeiros jogos da seleção sendo em casa, no SPAC. Primeiro, no dia 21 de agosto, o Brasil fez sua partida mais parelha com o Chile desde 1977. A vitória foi chilena, mas por apenas 23 a 16. Depois o Brasil derrotaria de novo o Paraguai, por 49 a 21. O fechamento do torneio foi como esperado, com derrotas em Montevidéu e Buenos Aires.

Nessa época, Diego era gerente de marketing da Móveis Fiel, que desenvolvia móveis de cozinha. Tinha relação direta com os mercados vizinhos, principalmente com Chile e Argentina. A vontade de empreender e a paixão que tinha pelo seu país natal fizeram com que tomasse uma atitude radical: deixou o emprego estável e foi tentar a sorte na Argentina. Pegou a representação de duas empresas de embalagens flexíveis e partiu para Buenos Aires. Instalou-se em um primeiro momento no bairro da infância, Flores. Ficou na casa da irmã de criação, Elvira, casada com o seu ex-professor Horácio Dotti. Período de grandes *charlas*, refeições animadas, doses de licor e afeto. Só que o carinho não vinha dos clientes. Os argentinos enfrentavam a enésima crise econômica, compravam pouco. E compravam menos ainda do Brasil, em um tempo de Mercosul incipiente. Diego decidiu voltar ao Brasil a tempo do Sul-Americano seguinte.

Em 1993, o modelo de disputas foi mantido, e os mandos de jogo, invertidos. Derrotas no SPAC para Uruguai e Argentina. O Brasil encerrou o torneio em Santiago fazendo um jogo novamente equilibrado com os chilenos, com muitos pontos e emoção até o fim: vitória do Chile por duros 37 a 26. O fechamento do torneio foi como esperado, com derrotas em Montevidéu para o Uruguai e em Buenos Aires para a Argentina. Aos 33, o peso dos anos já se fazia sentir. Além da idade, havia o peso do corpo. Diego sempre foi ótimo de garfo, bom de copo. O metabolismo já não era o mesmo, estava mais pesado — e mais lento. Mais irritadiço também em campo. Não conseguia mais executar tudo o que queria. Aos poucos, foi trocando de posição. Atuava menos como centro, o que exigia mais velocidade, e mais com a camisa 15.

Jogando como fullback, Diego tinha, ainda assim, os melhores atributos da posição. Na defesa, o camisa 15 do time é um dos últimos homens do campo. Se não conseguir o tackle, o desarme, é quase certo que o time adversário marcará tries, a pontuação mais generosa do jogo. Quando ataca, o fullback deve ser forte e habilidoso para romper linhas, além de ter precisão com o pé, já que será um dos que mais chutarão numa partida. Diego rendia mais por ali nesse final de carreira. Mas tinha muito clara em sua cabeça a ideia da aposentadoria, tanto que desde 1992 também era técnico do Alphaville. Um pouco depois, faria um curso de arbitragem na Argentina. Era hora de desacelerar, dar uma folga para o corpo. E descobrir que havia vida para além do rúgbi.

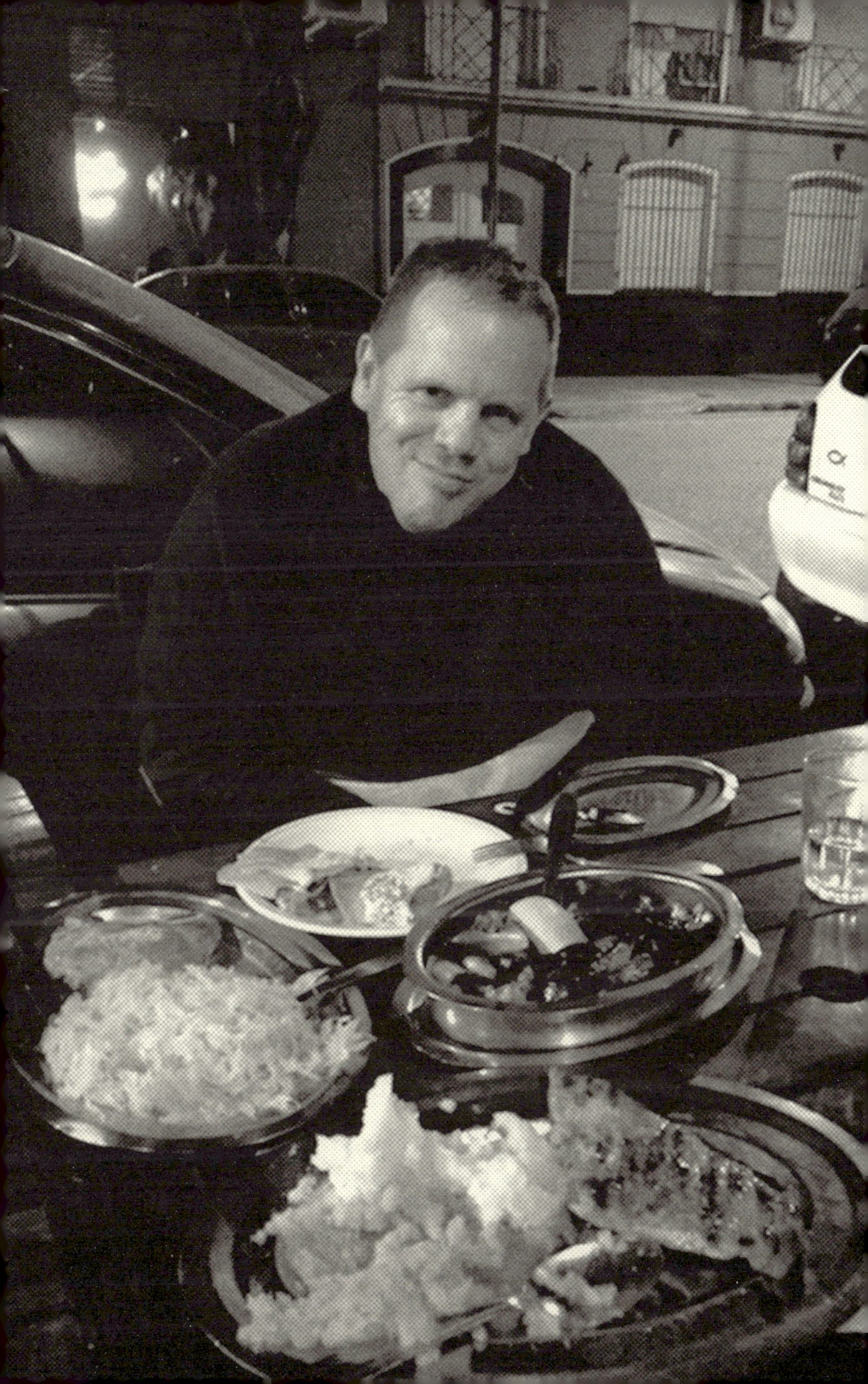

9

VIDA DE TREINADOR

O TELEFONEMA COMEÇOU COMO SEMPRE COMEÇAVA: "Hola, que tal?". O capitão do time do Bandeirantes, Antonio Martoni, nem precisava que o interlocutor se identificasse. Claro que era ele, Diego Padilla. Haviam começado juntos na Seleção Brasileira, Diego como centro, Martoni como pilar, depois passando para hooker e finalmente para scrumhalf. Viraram rivais em clubes. Nos primeiros tempos, Diego levou grande vantagem, o Alphaville foi dominante por boa parte dos anos 1980. Nos anos 1990, já era o Bandeirantes quem dava as cartas no rúgbi brasileiro.

Diego foi direto ao ponto: "Vamos?". Ambos tinham sido convidados para dividir o comando da Seleção Brasileira. A Associação Brasileira de Rugby queria preparar o time para a disputa das Eliminatórias do Mundial que aconteceria no País de Gales em 1999. Antes o Brasil precisaria passar por Trinidad e Tobago, tarefa das mais complicadas. A ideia fazia sentido. Martoni era a cabeça pensante do Bandeirantes, um clube modelo em meados dos anos 1990. Além de vencedor, o time excursionava pelo mundo e fazia de quatro a seis jogos internacionais por ano. Diego era treinador e representava o grande Alphaville vencedor, por mais que naquele momento não passasse por boa fase. Só que Diego era maior do que isso. Símbolo de dedicação em campo, o argentino naturalizado brasileiro era referência para os contemporâneos e para os mais jovens, além de ser uma das figuras mais agregadoras do esporte.

Encontrar nova motivação no esporte era algo muito útil naqueles tempos. Não fazia muito que Diego havia perdido o pai. "Papi Ricardo", como os amigos do rúgbi o tratavam, convivia havia uns bons anos com uma histoplasmose. Um fungo tinha se alojado na glândula suprarrenal, e constantemente ele ia parar na emergência do hospital. Cansado, com potássio nas alturas, o coração do argentino parou em 15 de maio de 1996. Em uma família tão unida, todos sofreram para valer por alguém que partia tão cedo, aos 65 anos. O baque foi maior para o irmão mais velho, Alvaro, que trabalhava em projetos de engenharia diretamente com o pai. Eram os mais ligados, até fisicamente se pareciam. Alvaro nunca foi o mesmo depois disso. Em 2017, foi o seu coração que parou de bater, após um infarto.

Desde pequeno, o caçula Fermin andava na cola de Diego. Quando ia passar o fim de semana na casa de alguém na praia, Diego perguntava se podia levar o irmão menor. A relação entre os dois se tornou mais próxima após a morte do pai. Fermin estava com 24 anos e ainda morava com os pais. Diego assumiu ainda mais o papel de tutor a partir de então.

Aquele convite para treinador da seleção tinha algo desafiador e arriscado. Será que dariam conta? A escolha pela dupla fazia todo o sentido do ponto de vista de quem escolhia, mas nem tanto para os escolhidos. Diego não estava convicto se queria mesmo ser técnico. Muitas vezes lhe faltava paciência. Sofria com os erros dos outros. Martoni definitivamente não queria isso naquele momento. Estava jogando, achava que ainda tinha lenha para queimar como jogador e capitão do Bandeirantes. Diego insistiu: "Vamos! Se você não for, eu não vou". Martoni tentou argumentar, mas não deu. Anos depois, relembrando a história, resumiu: "Eu não queria, mas como dizer não ao Diego?".

Foram. Montaram o time e se entenderam, de verdade. Eram diferentes, a visão de rúgbi deles divergia. O Bandeirantes apoiava o jogo no scrum, jogadores mais fortes brigam e ficam com a bola. Mais posse de bola, ênfase defensiva, assim pensava Martoni. O Alphaville e Diego se preocupavam mais em atacar, em partir para a frente. Martoni vinha de uma formação técnica sul-africana, na qual os jogadores mais fortes e pesados ganham destaque. O raciocínio é que sem eles não há posse de bola. O objetivo é se impor fisicamente, sendo contundente e amedrontador, dividindo todas as jogadas e fazendo o adversário sofrer a cada contato. Essa é uma maneira de subjugar o adversário.

Diego estava mais para a escola neozelandesa dos All Blacks, muito mais ofensiva e extremamente veloz com a posse de bola, enquanto Martoni estava mais para os Springboks. Não havia modelo certo ou errado, escola vencedora ou derrotada. Eram as duas melhores seleções do mundo; achar um equilíbrio entre os conceitos na Seleção Brasileira era o desafio da dupla.

O que poderia ser um problemão se tornou uma fortaleza. Como treinadores da seleção, dividiram funções. Diego cuidava mais do jogo de linha, Martoni se dedicava ao scrum, a briga pela bola. Martoni definia as grandes linhas táticas, Diego motivava os atletas, principalmente os mais jovens. Ele tinha a habilidade para ler o emocional de cada um e acionar o "melhor psicológico" para cada situação. Embora as diferenças entre os treinadores fossem consideráveis, eles eram complementares. E se gostavam, o que facilitava um bocado o trabalho.

Diego era carinhoso, acolhedor; conflitos para ele só eram aceitáveis durante as partidas, no calor das disputas. Eram folclóricas suas histórias como jogador. Certa vez, em um jogo do Alphaville, saiu na mão com um adversário. Foram expulsos na mesma hora. Nem bem tinham saído de campo e já estavam abraçados, rindo, trocando camisas. Era acabar a disputa de jogo para a agressividade sumir instantaneamente, dando lugar ao afetuoso ser humano que era. Como treinador, a pegada era outra. Precisava ser duro com os comandados e dar más notícias para vários deles. Martoni brincava com Diego: "Você convoca 40 atletas, seleciona 30 para o torneio, escala 15, 8 ficam no banco, 7 na arquibancada a cada jogo. O resumo é simples, o treinador a cada rodada tem 15 amigos (titulares), 8 conhecidos (banco de reservas) e 7 putos com ele (os que não foram para a partida)".

A dupla se entendeu nesse aspecto também, dividindo os papéis de policial bonzinho e policial malvado. Diego deixou para Martoni as decisões cruéis, como cortar jogadores, deixar de escalar etc. Diego, porém, virava malvadão nos treinos e jogos, no calor das disputas. Ali aflorava o esquentado jogador que sempre foi. Ele quebrava o pau com jogadores em alguns treinos. Ficava possesso quando percebia erros que ele, como jogador, não costumava cometer. Alguns não entendiam, se retraíam. Martoni chegava neles e traduzia: "Você acha que o Diego te deu uma puta dura por quê? Porque você tem condições e ele gosta de você. Se fosse o contrário, ele ignoraria você". A maioria compreendia.

Apesar de todo o entrosamento dos treinadores, não havia milagre esportivo que fizesse o Brasil passar por Trinidad e Tobago, seleção muito mais consistente e tradicional no tabuleiro do rúgbi mundial. Em novembro de 1996, o mais lógico aconteceu, e o Brasil foi batido em Port of Spain por 41 a 0, perdendo a chance de disputar um mundial de rúgbi. Martoni havia se preparado para a função e seguiu na Seleção

Brasileira até 2003. Ao final desse processo das eliminatórias, Diego chegou à conclusão de que não era muito a dele ser treinador, ao menos não naquele momento da vida. Precisava dar um tempo do esporte, fazer coisas diferentes. Só não imaginava que o sacolejo seria tão grande.

10

A
GALERA

DIEGO ESTAVA EM PROCESSO DE TRANSFORMAÇÃO. Após o casamento-relâmpago e a tentativa frustrada de se fixar na Argentina, precisava repaginar a vida no Brasil. Contava com representações comerciais variadas para o Mercosul, principalmente no segmento de fertilizantes. Não tinha mais a agenda apertada dos muitos treinos e jogos do Alphaville, e fazia anos que havia concluído a faculdade. O tempo, que sempre fora mercadoria escassa, agora era maior. Foi tomando um café na região da Faria Lima que conheceu uma figura que bagunçaria as estruturas. Ricardo de Lima, o Pio, tinha uma agência de eventos nas proximidades do shopping Iguatemi. Era expansivo e falante como Diego, e isso os conectou. Mas em todo o resto eram diferentes. Diego era conservador nos costumes; Pio, um ultraliberal. Diego era emoção à

1. 1984. Diego no campo do Alphaville.

2. 1981. Diego rumo ao try; atrás está Luizão. Seleção Brasileira *vs.* Seleção do Sul do Chile.

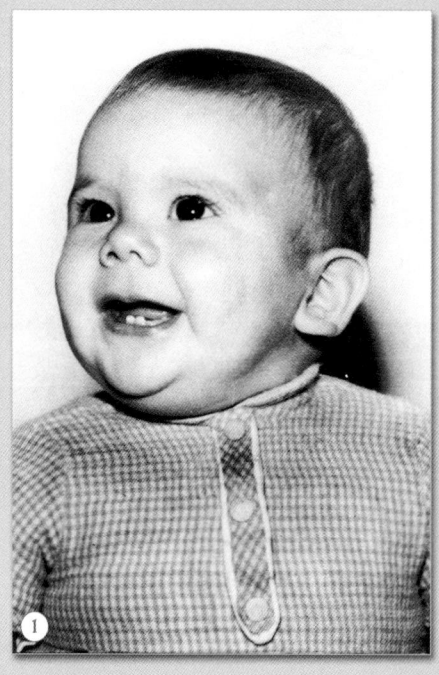

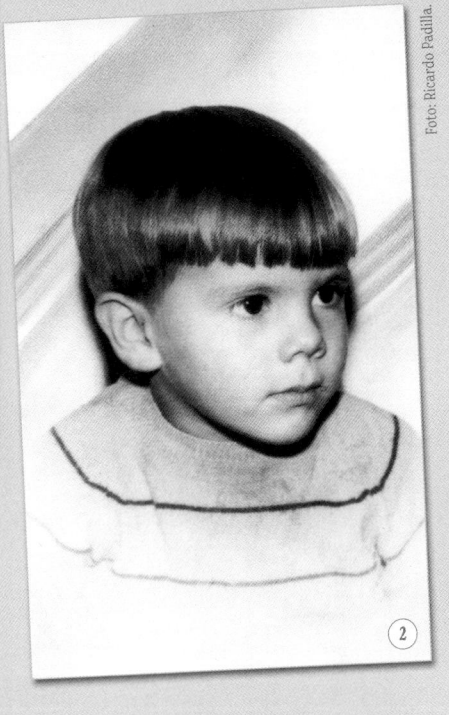

1. 1961.
2. 1962.
3. 1967.
4. 1968. Punta del Este. Diego ao lado do avô paterno, Primitivo Padilla (Aitona).

1. 1968. Diego é a primeira criança à direita; ao seu lado está Alvaro e ao lado deste a pequena Teresita. À esquerda, a primeira criança loira é Javier e na frente deste, com as mãos unidas, está Faco. À direita, em primeiro plano, está Cristina Marcheschi e Elvira Guevara, irmã de criação. No centro da foto, usando óculos de grau, está o avô de Diego, Primitivo Padilla, que comemorava seu 70º aniversário.
2. 1967. Parróquia San José de Flores, em Buenos Aires. Diego é o quinto da esquerda para a direita.
3. 1961. Ricardo, Diego, Alvaro e Teresita. Em casa, em Buenos Aires.

Foto: Ricardo Padilla.

Foto: Ricardo Padilla.

Foto: Lauro.

1. 1969. Diego abaixo, com as mãos no chão; levando ele, Mariano Cáceres. Grupo de escoteiros do Colegio La Salle.
2. 1969. Washington, Estados Unidos. Diego com sua mãe, Teresita.
3. 1981. Em casa, na rua Maranhão, no bairro Higienópolis, São Paulo. Fermin, Ricardo, Teresita, Teresita (irmã), Faco, Silvia Frávega, Alvaro, Javier, Diego (deitado) e Cristina Oholegui.

3. 1980. Carta-convite da seleção sul-americana para enfrentar os Springboks.
4. 1987. Roberto Luis Troster (de gravata) e Diego (em pé, logo atrás). Jantar ao final do Campeonato Sul-Americano de Rugby.
1. 1981. Diego com Feliciano Echeverria, da Seleção do Sul do Chile.
2. 1981. Mensagem de Feliciano Echeverria.

1. 1991. Campo do Alphaville.
2. 1985. Formatura da Faculdade de Administração de Empresas da PUC-SP.
3. 1993. Campo do Alphaville.
4. 1996. Diego como técnico da Seleção Brasileira, em Trinidad e Tobago.

1. 2004. Natal com A Galera. Da esquerda para a direita, em pé: Líbia, Pio, Dave, Daniel, Vanessa e Diego. Abaixado: Luisão.

2. 1989. Totem Camp. No alto, da esquerda para direita: Pio e Marcão. No centro: de camisa azul, Líbia. Embaixo, da esquerda para a direita: Diego é o terceiro.

3. 1997. Petar, SP. Na frente, da esquerda para a direita: Daniel, desconhecido e Pio. Atrás, da esquerda para a direita: Chris, Silvia, Carlão, Diego, Angela e Nando.

Foto: arquivo pessoal de Angela Turrin.

Foto: Gustavo Cunha Lourenção.

Foto: Andrea Padilla.

1. 1997. Tirolesa na pedreira de Mairiporã. Da esquerda para a direita: Nando, Angela, Diego e Daniel. Na frente: Pio e Chris.
2. 2004. Casamento de Vanessa e Daniel Pinsky.
3. 2008. Pampa Mia. Alvaro, Diego, Javier, Teresita (irmã), Faco, Fermin e Teresita.

1. 2012. Toque-Toque Pequeno, São Sebastião. Teresita, Diego, Matias, Monseñor Oscar Alonso, Mônica, Aramis e Agustín.
2. 2004. A Galera reunida no icônico apartamento do Pio.
3. 2007. Pampa Mia. Diego e Aramis.
4. 2017. Madri. Diego e Eduardo Rubio.

1. 2017. Campo do Alphaville.
2. 2007. Brasil Brau. Diego com Luiz Henrique Barbosa e Jorg Waldorf.
3. 2010. Rosário, Argentina. Encontro familiar em Funes.

1. 2016. Pampa Mia. Alvaro, Diego, Javier, Cecilia Hunter, Teresita, Teresita (irmã), Faco e Fermin.
2. 2015. Inglaterra. Copa do Mundo de Rugby.
3. 2013. Festival Kids Spac. Diego treinando a nova geração.

1. 2019. Festa de 15 anos de casados de Vanessa e Daniel Pinsky.
2. 2017. Santa Fé, Argentina. Reunião familiar no Ano Novo.
3. 2018. Campos do Jordão, SP. Diego, Mônica, Aramis, Matias, Agustín e Ícaro.

Foto: Luiz Paulo Pinheiro Guimarães.
Foto: Antonella Bucciarelli.
Foto: arquivo pessoal de Mônica Pellizer.

1. 2018. Petar. Os oito farsantes.
2. 2014. Diego, Mônica e os meninos no dia do batizado do Ícaro.
3. 2019. Final do Campeonato Paulista M18. Diego e Aramis, um dia antes da cirurgia.

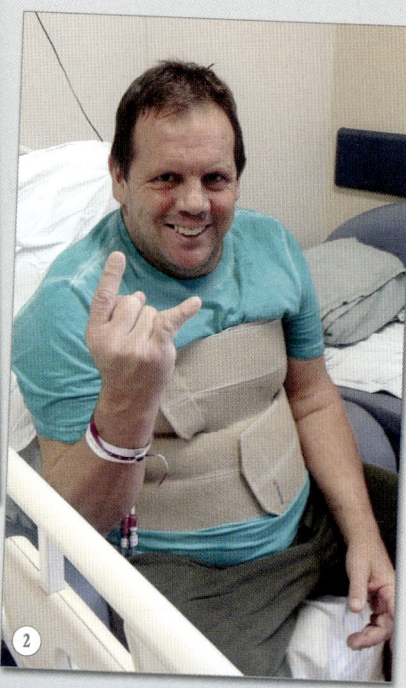

1. 2017. Madri. Diego tinha uma relação de amor com a boa culinária.
2. 2017. Hospital Santa Catarina.
3. 2019. Diego era famoso por dormir em qualquer lugar.

Foto: Chris Pinheiro.

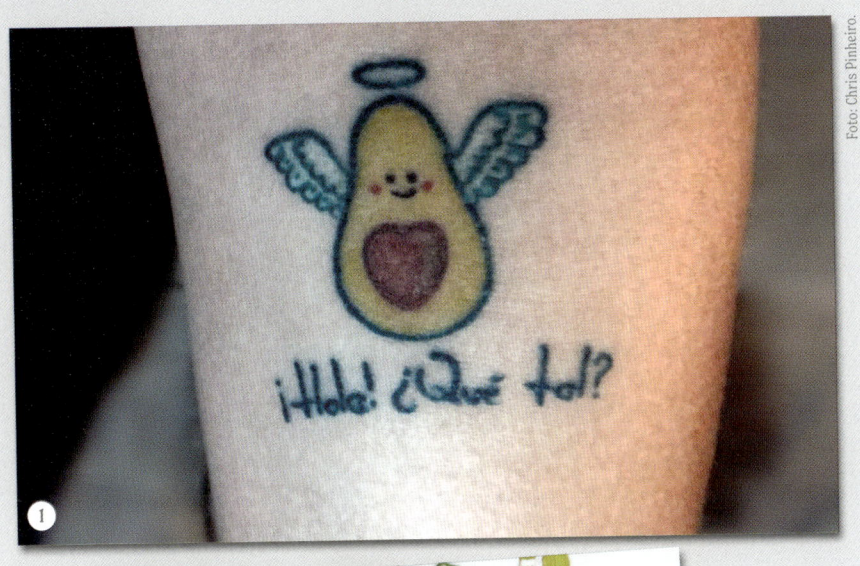

Foto: Angela Turrin.

1. 2021. Tatuagem de Chris Pinheiro.   **2.** 2021. Tatuagem de Angela Turrin.

Pampa Mia

1. Forno a lenha, um projeto de Diego e Samuel Hengles.
2. Cachaças diversas.
3. Temperos e bebidas.
4. A famosa grelha na qual Diego cozinhava para carnívoros e vegetarianos.

flor da pele, Pio era de um racionalismo convicto. Sabe-se lá como, os dois foram morar juntos. Pio tinha um apartamento de três quartos na alameda Lorena, nos Jardins, em São Paulo, e dividia as despesas com um amigo que havia saído. Diego entrou em seu lugar.

Tinha tudo para dar errado. Pio era festa de arromba, Diego, encontro-família. Para fazer uma refeição, Diego usava vinte apetrechos de cozinha. Pio enfiava toda a comida na mesma panela e mexia, e isso eventualmente ficava comestível. Quando dona Teresita prometia uma visita, Diego se antecipava: "Pô, bitcho, põe uma camisa quando minha mãe chegar, por favor". Pio, que costumeiramente andava em casa com um calção surrado e mais nada, argumentava e cedia. Eram bem diferentes, mas se entendiam.

Agregador, Pio acabou juntando à sua volta uma turma para lá de heterogênea. Daniel Pinsky era administrador e trabalhava na Cargill. Líbia Macedo fazia eventos, Christiane Pinheiro e Angela Turrin eram colegas no Consulado dos Estados Unidos. Marcos Albuquerque, o Marcão, era professor de educação física; Luis Audi, o Luisão, empresário. Carlos Magen, o Carlão, era executivo, e Sílvia Nogueira, a Silvinha, era advogada. Entre as muitas diferenças, havia em comum a vontade de se divertir, dançar, viajar e aproveitar a vida. Em um primeiro momento, era a "turma do Pio", mas logo eles passariam a se autodenominar "A Galera".

No princípio era a diversão pela diversão. A semana era cheia. Na quarta-feira, batiam ponto na Santa Casa, não a instituição filantrópica de saúde, mas a casa noturna da Vila

Madalena, bairro boêmio de São Paulo. Lá a Galera tinha lista fixa para se esbaldar na pista de dança com música dos anos 1980. Não muito longe dali, na descida da rua Cardeal Arcoverde, tinha o Urbano, com muita *black music* e a animação do grupo Funk Como Le Gusta. Diego performava na pista de dança como nos campos de rúgbi. Arriscava no balanço, dava piruetas com sua parceira, era a diversão da turma. Aos fins de semana, o ponto de encontro era onde a festa fosse mais animada. Poderia ser na micareta da avenida Faria Lima ou no novo bar que alguém tinha conhecido; o certo é que a maioria apareceria por lá.

Só que aos poucos a turma foi se conhecendo. De verdade. Havia bem mais coisas em comum entre todos do que a ânsia de se divertir. A preocupação social era um desses temas. Marcão idealizou uma ação logo encampada por Pio, Líbia, Rômulo, Renata, Luisão e Daniel. O projeto começou pequeno e foi crescendo. O Natal Solidário era um mutirão de fim de ano para angariar fundos, fazer um caixa, comprar presentes e distribuir. A turma partia para asilos, orfanatos e favelas na zona sul de São Paulo, em especial no Jardim Irene, que anos depois seria eternizado pelo capitão Cafu no gesto de levantar a taça da Copa do Mundo. O jogador mostrou a camisa com o Jardim Irene rabiscado à mão e colocou a comunidade carente no mapa-múndi.

O Natal Solidário cresceu rápido, e quando se deram conta era uma linha de produção que chegou a montar 3 mil kits de presentes. O Jardim Irene era apenas um dos destinos das ações. Daniel se incumbia de organizar a arrecadação das doações, e todos se reuniam para fazer a distribuição. Diego entrou no grupo e rapidamente se tornou um dos mais animados, sobretudo no dia da distribuição. Havia um Papai Noel, Luisão, mas era Diego o personagem do dia. Era ele que, sem fantasia, abraçava e beijava todos. Fazia isso com a naturalidade de sempre. Não era um papel, era ele mesmo.

Havia também os acampamentos infantis. Um dos eventos que Pio organizava na empresa eram essas temporadas de férias com a garotada. Precisava de monitores para organizar e tocar as atividades, então apelou para alguns da Galera. Líbia e Carlão foram os primeiros, Diego chegou depois. E tocava o terror: com ele a correria e a gritaria estavam garantidas. Há um vídeo que mostra Diego orientando a molecada num jogo de rúgbi em um gramado enlameado. Ninguém havia tido contato anterior com a bola oval, mas em poucas horas ele conseguiu transmitir as regras e o conceito do esporte. No vídeo, um garoto bem fora do peso faz um try e comemora como se tivesse decidido um título. Talvez, em outras circunstâncias, um menino daqueles não encontrasse tanta satisfação em um acampamento.

As conexões entre eles iam se fortalecendo. Se Pio foi o líder hedonista que formou a turma, Diego era o amálgama que os unia pelo afeto. Fazia isso de maneiras variadas. Nos pequenos e nos grandes gestos. Em 1996, o pai de Angela sofreu um AVC e ficou um mês internado. Precisou de diversas bolsas de sangue, o hospital pediu vinte doadores. Angela espalhou o pedido pela Galera sem esperanças de que fosse comover muita gente, afinal aquela era uma turma essencialmente festeira. Dias depois, quase se desculpando, foi conferir com a administração do hospital se o ritmo das doações estava apenas lento ou constrangedor. "Ah, resolvido, tudo certo. A doação de plaquetas equivale a dez doadores, e teve um amigo seu que esteve aqui. Vocês já cumpriram com sobra as doações pedidas", disse a atendente. Era Diego, que, mesmo mal conhecendo Angela, tinha passado mais de hora numa máquina para doar as plaquetas. Não contou para ninguém. Se Angela não fosse atrás da informação, talvez nunca descobrisse. Mauro Turrin, pai de Angela, era um imigrante italiano que falava um português carregado de sotaque. Ficou com sequelas do AVC, mas voltou para a casa onde moravam na Granja Viana, Grande São Paulo. Nos churrascos de domingo, Diego, outro imigrante que também falava um português carregado de sotaque, chegava mais cedo, e a fisionomia de Mauro mudava. Os dois se sentavam em um banco do jardim e lá ficavam falando sobre plantas, celebrando a vida. Nos quinze anos de sobrevida de Mauro depois do AVC foi assim.

Diego era um acumulador. Juntava coisas, adorava cada quinquilharia que achava. Não jogava nada fora, nem enlatados vencidos, nem utensílios quebrados. Pio o chamava de "ferro-velho". Chris Pinheiro trabalhava com tecnologia da informação no Consulado Americano em São Paulo e estava mudando de casa. Gastou o que tinha na mudança e estava indo para um apartamento que não tinha cozinha montada. Diego soube e a chamou para a cozinha de sua casa. Foi abrindo os armários e tirando coisas. Pratos, travessas, formas, copos, panelas, ia pegando e falando: "Você vai precisar disso, aquilo ali é importante, cuidado para não se cortar com isso...".

O homem que não descartava nem objetos quebrados esvaziava o próprio armário sem pestanejar. Equipar bem a nova casa da amiga, mais do que uma demonstração de generosidade, era um ato reflexo.

Quando a Galera pegava a estrada, a alegria se multiplicava. Todos juntos em um fim de semana ou feriado era a garantia de muita risada. Praia, montanha, Ouro Preto, Caraíva, não importava o lugar. Mas a viagem mais marcante dessa turma foi ao Petar, em 1997. Aconteceu de tudo. Sílvia, Daniel, Pio, Angela, Chris, Carlão, Nando, Carioca e Diego alugaram uma van para percorrer os 340 quilômetros entre a capital, São Paulo, e Iporanga, ao sul do Estado. Lá fecharam uma pousada e resolveram explorar a valer tudo o que o lugar oferecia. Não era pouca coisa. O complexo do Petar tem doze cavernas para visitação, rio, cachoeira, trilhas, rapel. A Galera resolveu encaixar tudo em apenas um fim de semana prolongado.

No passeio pelas cavernas, deslumbramento. No Petar, as cavernas são diferentes umas das outras. Algumas têm mais água, menos luz, são mais ou menos acessíveis. Em comum, apenas a beleza. Desceram o rio em pneu de caminhão, caminharam, enfiaram o pé no barro, fizeram trilha noturna na mata. A turma que se divertia geralmente na batida do DJ ou nas risadas dos brindes agora também se conectava pelo silêncio.

Teve perrengue também. No passeio pelo rio, o bote virou. Chris Pinheiro ficou embaixo dele, e foi Angela quem percebeu e salvou sua vida. Na realidade, Chris era a menos atlética do grupo, a mais desajeitada, fazia uma força danada para acompanhar a turma e participar de tudo. No rapel, porém, não conseguiu. Errou um movimento e abriu o joelho numa pedra. O sangue não parava de jorrar. Tiveram que ir até a cidade para dar pontos no joelho. No dia seguinte, o sol mal tinha raiado e um rodo insuportável raspava na persiana do quarto de Chris. "Acorda, Pinheira!" Diego era o instrumentista. Se a combalida amiga cogitou desacelerar por conta da lesão, a alvorada festiva excluiu essa possibilidade.

Mais trilhas, esforços, o joelho se abriu de novo. Diego aproveitou sua experiência de *rugbier*. Estava acostumado; incontáveis vezes ele costurou o próprio supercílio rompido. Deu um ponto falso, e o joelho estava novinho em folha para a próxima atividade do dia. As aventuras foram lindas, e algumas brincadeiras nunca foram esquecidas, mas o que ficou daquela viagem ao Petar foi mesmo a comunhão daqueles jovens festeiros. Tanto que uma das fotos do passeio virou camiseta. Alguns guardaram a camiseta por mais de vinte anos. Diego, claro, era um deles.

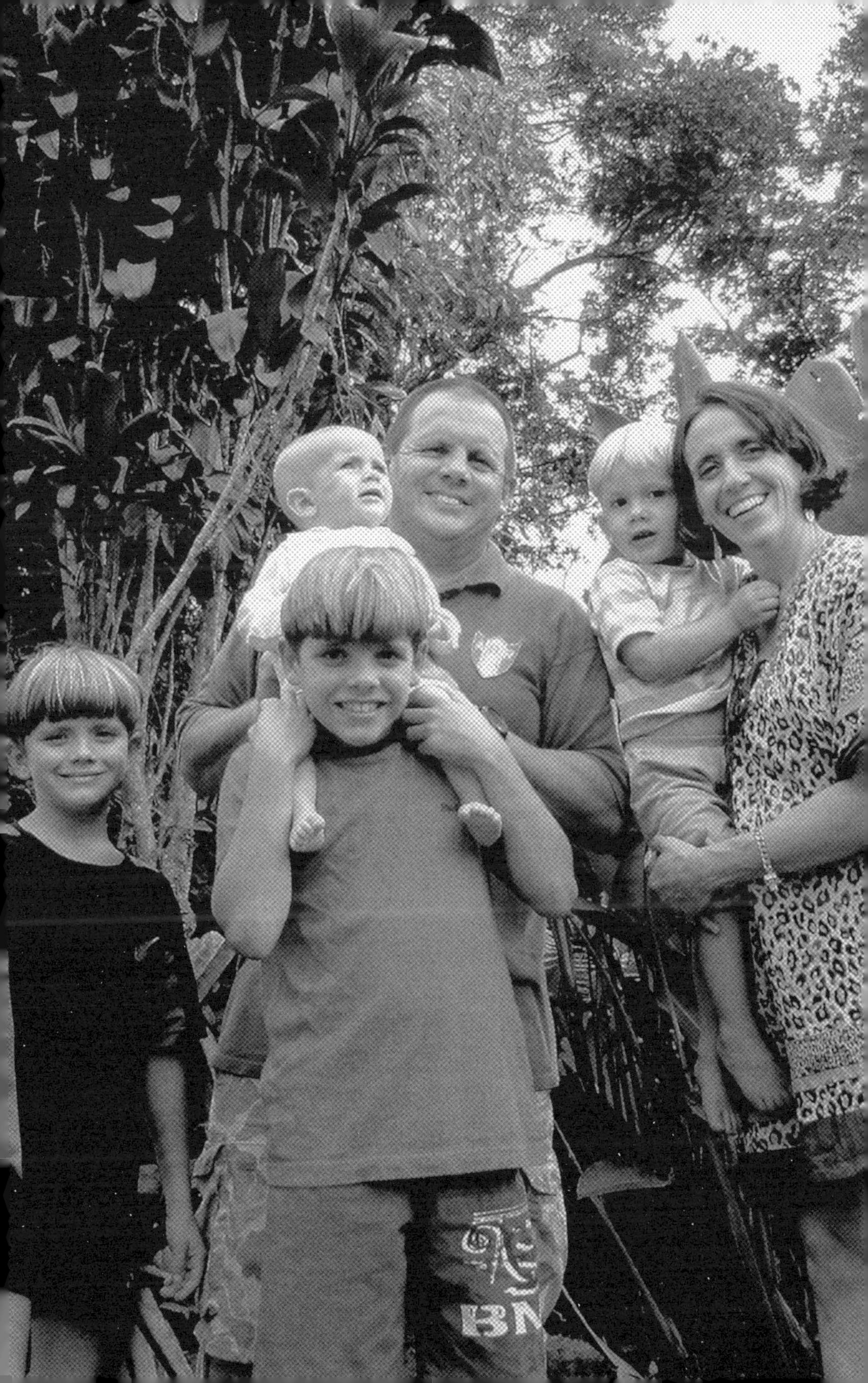

11

O
BUG
DO
MILÊNIO

O JEITÃO DA GALERA COMEÇOU A MUDAR EM UMA TRANSAÇÃO IMOBILIÁRIA. Pio comprou uma confortável cobertura no Alto de Pinheiros, na rua Pio XI. Parecia piada pronta: com tanto imóvel para comprar, Pio foi achar um na rua com o seu apelido. O fato é que aquela cobertura se tornou o quartel-general da turma. O ponto de encontro antes de qualquer festa. Em um dado momento, perceberam que a festa poderia começar, continuar e acabar ali mesmo. O espaçoso lugar tinha churrasqueira, poltronas, uma Jacuzzi. No banheirão, aliás, todos puderam atestar a impressionante e propalada facilidade de Diego para dormir em qualquer lugar, a qualquer hora. Conseguia se acomodar e pegar no sono, deixando apenas uma narina para fora da água. Nem os risos da turma em volta mexiam com aquele gigante adormecido.

Na Pio XI, foram incontáveis almoços e jantares. E algumas despedidas de solteiro, pra lá de animadas. Nessas ocasiões, o organizador tomava todo o cuidado para excluir Diego da lista. Ele nem ficava sabendo da algazarra. Os amigos o conheciam, era o ultraconservador do grupo, não aceitaria o convite e ainda faria uma cara contrariada. Desde os tempos do rúgbi, Diego também se incomodava com os amigos que usavam drogas ilícitas. Não aceitava, tentava convencê-los a parar com essas coisas. Com o tempo, se tornou mais tolerante: cada um, cada um. Enquanto isso, entre uma baforada e outra de seus charutos, ia abraçando os companheiros "doidões".

Apesar da paixão pelo rúgbi, Diego apreciava outros esportes, como o futebol. Na Argentina, toda a família era River Plate. No Brasil, o clube que mais se parecia com "Los Millonarios" era o São Paulo. O Monumental de Nuñez, casa do River, tinha um certo jeitão de Morumbi. Se na Argentina fazia todo o sentido odiar o Boca Juniors, rival de morte do River, em São Paulo quem mais assumia esse papel de vilão era o Corinthians. Em maio de 1998, Corinthians e São Paulo faziam a final do Campeonato Paulista. O Corinthians de Marcelinho Carioca havia vencido a primeira partida por 2 a 1. O São Paulo, que tinha de volta o ídolo Raí na equipe, após cinco anos na Europa, precisava ganhar por qualquer placar para ficar com o título. Diego foi convidado para ver a partida na casa de amigos e logo percebeu que o clima era inóspito. Eram todos corintianos, a não ser ele, Líbia e uma amiga de colégio, também são-paulina.

Mônica tinha jogado handebol com Líbia em Campinas e se mudado havia poucos meses com a família para morar no Pari, zona central da capital. O orçamento era apertado, ela economizava cada centavo, principalmente nas opções de lazer. Não era a primeira vez que Líbia a convidava para algo. Como esse parecia ser um programa "custo zero", resolveu topar. O São Paulo venceu o clássico por 3 a 1 e ficou com o título. Mas Mônica se lembra pouco da partida, pois a conversa com aquele argentino animado parecia mais interessante. Foram se reencontrar um mês depois, no aniversário de Líbia. Logo na chegada, ao perceber Diego dando um "selinho" numa amiga, tirou o time de campo. Mal sabia que Diego beijava amigos homens e distribuía selinhos nas muito amigas. Para ele, apenas modos de demonstrar afeto.

No caso de Mônica, não foi só afeto quando ele se apressou para trocar números de telefone antes de irem embora. O terceiro encontro foi um convite para um jantar na pizzaria Primo Basílico dos Jardins. Mônica esperava que mais amigos tivessem sido chamados. Eram só eles mesmo. A conversa engatou a ponto de não perceberem que eram a última mesa da casa. No encontro seguinte, Diego atacou com uma fondue em sua casa. Try.

Talvez ressabiado com o primeiro casamento, Diego relutava em dar um passo mais definitivo com ela. O namoro engatou, mas só em dezembro de 1999 veio o pedido de casamento. Mais precisamente em 31 de dezembro, na virada do ano na avenida Paulista. Era um réveillon diferente. Havia todo um temor mundial de que houvesse um grande problema nos computadores do planeta, o chamado "Bug do Milênio". Sistemas entrariam em colapso no momento em que o calendário mudasse. Como todas as datas eram representadas pelos dois dígitos finais, os computadores poderiam entender que na troca de "99" por "00" teríamos voltado para "1900". Se isso acontecesse, clientes de bancos poderiam ter aplicações com juros negativos, boletos seriam emitidos com cem anos de atraso. Havia o temor de que usinas nucleares tivessem sistemas afetados, que acidentes aéreos pudessem acontecer com a pane mundial cibernética.

Pois o "Bug do Milênio" acabou "flopando", para misturar linguagens de épocas distintas. Não aconteceu nada, deu tudo certo, os computadores se comportaram bem. Diego, porém, seguiu enrolando Mônica: o pedido de casamento foi feito mas nada de eles irem morar juntos. O verdadeiro "Bug do Milênio" para Mônica era aquela conversa emocionante mas inconclusiva da avenida Paulista. Diego estava então dividindo apartamento na rua Capote Valente, em Pinheiros, com seu grande amigo e companheiro de Alphaville, Sérgio "Negro" Mendez. Argentino, Sérgio era absolutamente fanático pelo sol. Estava sempre bronzeado, o apelido veio daí.

O amigo deixou o apartamento, e um conhecido entrou em seu lugar para dividir as despesas. O santo de Diego não bateu com o santo daquele australiano chamado Nate, e eles não se entendiam nas rotinas da casa. Naquele momento turbulento, Mônica pressionou e finalmente eles foram morar juntos. O "Bug do Milênio" estava resolvido. O casal se mudou para uma casa em uma simpática vilinha na Vila Mariana, zona sul de São Paulo.

Na virada na avenida Paulista, a proposta podia ser de casamento, só que a situação não era tão simples. Para Diego, o casamento mais importante não era o civil, mas o religioso. E ele já tinha feito isso anos antes. Precisaria anular todo o processo, e isso era bem complicado. Ainda mais porque teria que retomar o contato com a ex-mulher, o que estava fora de questão. Foram deixando o assunto para lá, até porque a vida estava boa. Mônica era fisioterapeuta de UTI, trabalhava no hospital Santa Cecília. Diego tinha deixado de trabalhar com fertilizantes e estava em carreira solo como representante de vendas de indústrias de embalagem. Adorava embalagens, se encantava com produtos inovadores, era um vendedor empolgado. Em paralelo, topava as boas oportunidades que aparecessem, principalmente relacionadas a importações. Com o irmão Fermin, investiu na importação de decalques de banheiro. E, claro, se animava mais ainda com produtos relacionados ao rúgbi. Trabalhou com bolas, cravos de chuteira, camisas.

Desde adolescente, Diego aprendeu a se virar em pequenos negócios. Jogou no tempo do amadorismo-raiz. Eram os próprios atletas que precisavam custear suas viagens para campeonatos sul-americanos e outras competições. Diego fazia qualquer negócio para jogar: revendeu bugigangas, promoveu rifas, o importante era conseguir o dinheiro para viajar. De certa maneira, essa "escola" acabou se tornando importante nos anos seguintes. A rotina do casal era cheia. Quando os plantões de Mônica permitiam, desciam para o litoral, para a casa dos amigos. Em fins de semana com plantão no sábado, engatavam almoços e jantares com a Galera. De tédio não padeceriam.

Foi muito comemorada pela Galera a notícia da gravidez de Mônica, em 2003. Diego era carinhoso e jeitoso com crianças. Mônica tinha a habilidade profissional de fisioterapeuta, fora o instinto materno. E se alguém imaginou que o casal ficaria mais recluso após o nascimento do filho, errou feio. Com 45 dias de vida, Aramis já estava em um bar na Vila Madalena, no aniversário do Pio. Meses depois, Daniel Pinsky se casava com Vanessa Cuzziol, outra integrante da Galera. Em dado momento, lá estava Diego na pista, fazendo sua costumeira performance artística diante de Mônica. Enquanto isso, Aramis estava em seu carrinho de bebê, estacionado bem na frente da caixa de som. Dormindo. O moleque aprendeu cedo a relaxar nas balbúrdias. O nome Aramis, aliás, surgiu em um passeio ao shopping com Diego. Passaram pela loja de roupas Aramis, e Mônica comentou que adorava o nome. Diego concordou na hora. O pequeno mosqueteiro Padilla foi fruto, portanto, mais de um passeio despretensioso do que do personagem da obra de Alexandre Dumas.

Nessa época, Diego recebeu um telefonema preocupante. Era da família de Memo Seguí, a pessoa que o apresentara ao rúgbi, seu melhor amigo de infância. Memo não estava bem. Melhor dizendo, andava péssimo. O quadro de depressão que havia aparecido fazia alguns anos tinha se agravado. Memo era um ex-combatente da Guerra das Malvinas em 1982. Tinha sido subtenente, comandara o Regimento de Infantaria número 8. Eram sessenta soldados sob sua responsabilidade. Os argentinos não tinham treinado nem remotamente para esse tipo de combate. Estavam mal-equipados, sem a menor condição de encarar o potencial bélico britânico.

Foi um martírio. Os uniformes do Exército argentino pareciam traje de verão para o inverno das Malvinas. Além de temperaturas que já estavam abaixo de zero, a sensação térmica despencava com a chuva frequente e principalmente com o vento cortante. Os dias eram monótonos, nada acontecia, mas as noites eram apavorantes. Os helicópteros ingleses cruzavam as ilhas procurando argentinos acampados para ataques. O jeito era se esconder, não se movimentar, em hipótese alguma acender luzes para se tornar alvo dos inimigos. Isso significava não poder acender uma fogueira para se aquecer. E as noites demoravam para passar.

Nessa época do ano, o sol aparecia às 10h da manhã para se pôr já às 16h. Nesse curto período, os militares precisavam lutar contra o segundo pior inimigo depois do frio: a fome. Basicamente não tinham o que comer. As rações rapidamente terminaram. Precisavam sair atrás de alguma ovelha, carnear, dividir entre todos os poucos pedaços do animal e tomar o sopão com a carcaça. Essa era a única refeição do dia. Quando a noite chegava, vinham a batalha para sobreviver ao frio e a torcida para não serem metralhados pelos helicópteros. Memo teve sorte: seus sessenta soldados sobreviveram e não se juntaram à estatística de 972 argentinos mortos em combate.

Foram setenta dias de sofrimento, até que chegou a ordem de rendição. Mais magros, arrasados e humilhados, os argentinos se entregaram e voltaram presos ao continente. Seriam libertados pelos ingleses, mas descobriram depois que a pena imposta pela sociedade argentina seria muito mais severa. No início da guerra, haviam deixado Buenos Aires sob aplausos. Foram recebidos de volta com indiferença. Eram os fracassados que haviam perdido as batalhas. O assunto Malvinas era tabu, tema quase proibido. As famílias não conversavam, Memo era um dos que evitavam falar sobre aqueles dias terríveis. Só que o pavor do barulho dos helicópteros e as lembranças de fome e frio jamais abandonariam os corações e as mentes de quem viveu aquilo. Vítimas das sequelas psicológicas das frentes de batalha, muitos viram no suicídio o último recurso contra o tormento e a angústia. Segundo organizações de ex-combatentes, as mortes autoprovocadas no pós-guerra chegaram a 450, quase a metade de todas as baixas nos dias de conflito.

Memo voltou para a sociedade, se fixou em Mendoza, constituiu família. Mas não tirou as Malvinas da cabeça. Com o passar dos anos, a depressão se aprofundou, até pela dificuldade financeira decorrente das baixas pensões pagas aos ex-combatentes. Em meados dos anos 2000, a vida se tornou insuportável e Memo tentou o suicídio. Foi medicado, internado, mas dali não conseguia sair. Luz, sua esposa, apelou a Diego, o amigo querido do Bairro de Flores. Diego tentou muitas vezes falar com Memo ao telefone. Ele não queria atender, não queria viver, na verdade. Apavorado, Diego aproveitou e prolongou uma viagem de trabalho que faria ao Chile. De Santiago, alugou um carro e percorreu as seis horas para atravessar a cordilheira dos Andes e passar a fronteira até chegar a Mendoza.

Memo não acreditou quando viu o amigo. A família Seguí deixou os dois sozinhos. Por uma semana, não pararam de conversar. Rememoraram tudo o que tinha ficado para trás. Riram e celebraram as boas histórias, muitos episódios do rúgbi, claro. E falaram sobre o futuro, os filhos, os netos, tudo o que ainda estava por fazer. "Diego simplesmente apareceu, do nada, sem avisar. Não era apenas uma pessoa que eu admirava profundamente. Era alguém que gostava muito de mim. Como não receber e abraçar a pessoa que percorreu milhares de quilômetros por minha causa? Falamos, falamos. Falamos muito. Nos sete ou oito dias em que ele ficou aqui, foi o que fizemos."

Diego voltou ao Brasil. Memo iniciou um projeto de rúgbi nas penitenciárias argentinas. Decidiu trabalhar com os presidiários a parte técnica do jogo e os cinco pilares do esporte: disciplina, honestidade, solidariedade, paixão e respeito. O índice de violência nas prisões do projeto despencou. Assim como os ex-combatentes das Malvinas, os presos comuns penam com a indiferença da sociedade. Desvalorizados, esquecidos, invisíveis. O rúgbi entrava ali para traçar metas, criar objetivos. E a vida, com propósito, passava a fazer sentido.

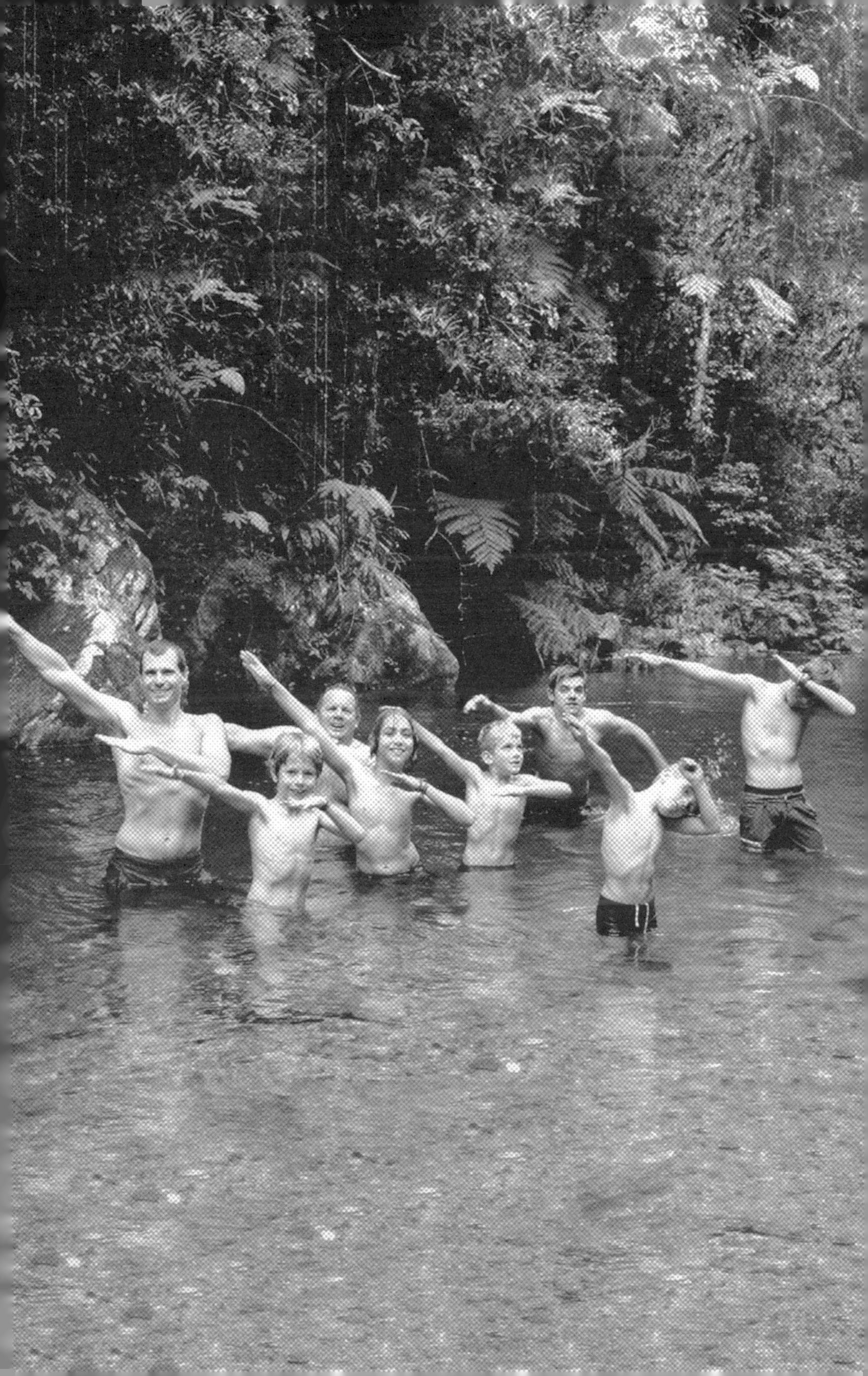

12

PAMPA MIA

PARECIA O FIM DO MUNDO. Rodovia asfaltada, zona urbana, ruas esburacadas, estradinha de terra. Uma hora e quinze minutos depois se chegava ao destino. Um portão, uma subida razoavelmente íngreme, a casa. E o silêncio, só quebrado pelo som dos bichos. A chácara em Itapecerica da Serra era de Margarita Sinclair, mãe de jogadores de rúgbi e, por consequência, amiga da família Padilla. Ela pouco usava a casa e a emprestava de bom grado cada vez que alguém da família queria festejar alguma data, passar um fim de semana ou simplesmente assar uma carne em um domingo de sol. O lugar era realmente aprazível. Casa de dois pisos, piscina, um anexo para fazer churrasco, árvores, horta, tranquilidade total. Desde os anos 1990, todos os Padilla frequentavam aquela chácara esporadicamente.

Diego era dos maiores fãs do lugar. Sempre gostou de jardinagem, conhecia as plantas por nome e sobrenome. A chácara tinha 11 mil metros quadrados, espaço de sobra para plantar. Não podiam se queixar da vida na Vila Mariana, moravam em uma casa agradável com quintal e até uma churrasqueirinha pré-fabricada que quebrava o galho. Estavam perto de tudo: supermercado, padaria, farmácia, shopping. Faziam tudo a pé. Uma conjunção de fatores, porém, fez com que pensassem em uma mudança que era quase um novo projeto de vida. Diego havia engatilhado uma grande venda antes de deixar a representação de fertilizantes. O negócio emperrou, parecia que não ia mais ser concretizado, mas saiu. Seus antigos parceiros comerciais acharam justo chamar Diego anos depois para dividir a polpuda comissão. A retidão, a lealdade e a generosidade cotidiana de Diego resultavam em coisas assim. De vez em quando, do nada, caíam coisas do céu. No caso, um dinheiro que poderia valer uma casa no campo.

Aramis também estava caminhando, pedindo mais espaço, até para brincar com Pibe, o rottweiler da casa. Com a notícia de que Mônica estava grávida de Matias e com a gorda comissão recebida por Diego, pararam para pensar: e se fizessem uma proposta para Margarita Sinclair pela chácara? Havia muito ela queria vender o imóvel. Poder fazer negócio com amigos queridos facilitava tudo. Deu jogo. Em dezembro de 2006, estavam abandonando a casinha da Vila Mariana e se mudando de mala e cuia para a zona rural de Itapecerica da Serra.

E mudou tudo, tudo mesmo. Mônica estava trabalhando no hospital da Amico, e o deslocamento da chácara até São

Paulo consumia uma hora e meia em cada perna. Teve que achar uma babá para Aramis, montar uma estrutura especial. Só que acordar com os passarinhos e comer a própria verdura plantada na horta ao lado compensava qualquer esforço. Diego, mesmo com mais flexibilidade na rotina, também dirigia muitos quilômetros por semana.

Geralmente casais que se mudam para lugares mais remotos acabam se isolando dos amigos. Os contatos ficam menos frequentes, é o natural. No caso deles, quase se deu o contrário. A chácara, batizada de Pampa Mia, bem que poderia ser rebatizada de "Pampa Nuestra". Todo fim de semana tinha algum amigo embicando o carro no portão. A família, a Galera, a turma do rúgbi, os amigos do trabalho, os ex-colegas da PUC... A casa era um agito aos sábados e domingos. Mas não só. No meio da semana, jantares também aconteciam. A parte de cima do terreno, ao lado da piscina, foi reformada. A churrasqueira de estilo brasileiro, com um buraco fundo para o carvão, deu lugar a uma autêntica parrilla argentina. Em um espaço, a lenha virava brasa, era puxada para baixo de uma grelha baixa e a festa podia começar. Costelas, provoletas, mollejas (iguaria muito apreciada pelos argentinos, a glândula do timo assada), bifes de chorizo, legumes, frango, porco, morcilla (linguiça de sangue), aquela grelha não tinha preconceitos. Um forno de pizza também foi instalado ao lado da grelha.

A comida era deliciosa, mas o prato de resistência da casa era a hospitalidade. Cada convidado que chegava ganhava uma festinha particular. Beijos, abraços, tudo olho no olho. As crianças logo aprenderiam o ritual com os pais. A cada novo convidado que desembarcava, iam até a porta fazer a recepção. Havia um tour quase obrigatório para os visitantes de primeira viagem. Diego dava uma grande volta no terreno, mostrava a horta, as árvores frutíferas, o que ele já tinha plantado, falava dos bichos, da natureza. Uma das primeiras obras foi fazer a terraplanagem para o campinho de futebol. Ou de rúgbi, melhor dizendo. A piscina precisava também de uma reforma, o que aconteceu logo.

Só que, como era preciso pagar as contas, durante a semana o casal se virava. Mônica no hospital, Diego pelo mundo... Com a representação de embalagens e os negócios paralelos, viajava bastante. E cada viagem cobrava um preço. Na época de atleta, sofria na véspera das partidas. Brincava que era TPJ, tensão pré-jogo. Agora o mal tinha outro nome, TPV, tensão pré-viagem. Ficava nervoso dias antes pelo que estava deixando e pelos detalhes a que precisava ficar atento. A mala, as reuniões que ocorreriam, horários, transporte, hotel, a TPV tinha esses elementos. É verdade que isso se desintegrava quando chegava ao destino. Conhecer lugares, conversar com pessoas diferentes, experimentar comidas, bebidas, tudo o fascinava.

Essas viagens ficaram ainda mais frequentes por causa de um velho companheiro de rúgbi. Carlos Alberto Beré Filho, o Berê, era capitão do time da Medicina. Jogava de centro, tinham sido companheiros de Seleção Brasileira naqueles agitados anos 1980. Berê jogou lado a lado com Diego nos históricos confrontos contra os Penguins, em 1984, e contra os franceses, em 1985. Berê se mudou para os Estados Unidos e começou a importar joias brasileiras com o objetivo de vender nas grandes feiras americanas para varejistas. Seu grande mercado, porém, não era o público norte-americano, mas compradores de México, El Salvador, Nicarágua e Costa Rica. No seu estande se falava muito mais espanhol do que inglês. Precisava de um bom vendedor para lidar com esse público, e o nome de Diego Padilla foi o primeiro que lhe veio à cabeça.

Diego nada sabia de gemologia. Bijuteria, esmeralda, ametista, badulaque, para ele estava tudo no mesmo balaio. Só que Diego entendia era de gente, entendia muito. Jogou rúgbi por duas décadas e conviveu demais com ingleses, australianos, sul-africanos. Foram incontáveis terceiros tempos bebendo e conversando com interlocutores de língua inglesa. A língua, em si, não dominava. Só que sabia se comunicar. Soltava uma palavra-chave, "ball", "match", o que fosse, e se virava com mímicas e sorrisos. Em 1998, se hospedou na casa do amigo Daniel Benjamin e concluiu um curso de inglês na Universidade de Berkeley. Fez muitos amigos por lá, e com vários se corresponderia ao longo dos anos. Se ganhou alguma fluência no idioma por lá, perdeu boa parte no avião de volta.

Diego era um ser hispânico, pensava com a estrutura do espanhol. Com trinta anos de Brasil, mantinha o sotaque fortíssimo e a cadência da língua natal. O que poderia ser uma desvantagem na vida se tornou um atributo valioso. Criador de um estilo próprio de se comunicar, o grande Diego do rúgbi também se forjou pelo jeito de falar. Era engraçado, as piadas melhoravam quando ele as contava. Os amigos adoravam tentar imitá-lo, muitos repetiam expressões características como o "hola, que tal?", o "bitcho", o "patito". Quando xingava em espanhol, parecia mais bravo do que os outros. Para alguém que era emoção pura, o espanhol era a língua perfeita.

Berê acertou em cheio quando o chamou. Diego incendiava o estande de joias brasileiras com seu jeitão expansivo. Abraçava, ria, mostrava com entusiasmo os produtos. Berê oferecia cachaças em miniatura como brinde aos visitantes, e o mimo, nas mãos de Diego, se tornava uma arma letal. O convite sorridente para tomar uma cachacinha brasileira frequentemente ia dar em nota fiscal. Diego se atrapalhava com as contas, fazia uma certa confusão com os preços, mas no final tudo compensava na boa conversa. As joias não eram baratas: de 300 a 3.000 dólares cada peça com esmeralda, quartzo, turmalina. As feiras que faziam, principalmente em Miami, Orlando e Nova York, também não eram pequenas — mil expositores por evento, cerca de oito vezes mais do que a maior feira brasileira do setor. E com transações feitas em dinheiro vivo, não raro a dupla saía dos eventos com um ou dois milhões de dólares nas maletas ou mochilas.

A tensão pelos valores transportados era enorme, mas, quando deixavam o faturamento do dia em lugar seguro, a diversão era total. Criaram a tradição de comprar, a cada final de dia, um "six-pack" de cervejas sempre diferentes. Por um tempo, a diversão deles era experimentar a cada vez uma nova cerveja do leste europeu. Durante as feiras, saíam com clientes para jantar. Comida tailandesa, mexicana, americana — para Diego não importava a escolha, desde que a porção fosse generosa. Berê lembra que, em uma das feiras, estavam com uma vendedora brasileira que tinha intolerância a lactose. Em todas as refeições, chamavam o cozinheiro para se certificar da composição do prato. No último dia, quando chegou a hora do pedido, a vendedora ensaiou chamar o chef. Impaciente, Diego soltou: "Carajo, Renata, pede esse mesmo! Se você não puder comer, pode deixar que eu como!". A gentileza de Diego sumia quando estava realmente com fome.

 A diversão aumentava quando iam para Nova York. Além do evento oficial, Berê aproveitava a estada na cidade para uma espécie de feira "off-Broadway", por assim dizer. Berê juntava material de outros expositores amigos e partia para o seu "trunk show", em tradução literal, o "espetáculo do porta-malas". Iam para bairros como Soho e Brooklin e faziam vendas diretas ao público na rua. Aí apareciam clientes americanos que teimavam em falar... inglês. Diego ria, mas se entendia de alguma maneira com o pessoal. Berê se divertia, principalmente quando Diego tentava mostrar o encaixe de anéis no seu horroroso dedão destroncado e torto do rúgbi.

 O divertido trabalho durou nove anos — eram umas quatro ou cinco viagens anuais para os Estados Unidos. Um perigo para um acumulador como Diego Padilla. Voltava com as malas cheias de pequenas compras. Fez lá todo o enxoval do segundo filho, Matias. Bebidas, comidas, temperos vinham sempre na bagagem. Não resistia a promoções. Certa vez comprou nove telefones sem fio. Em pleno pós-Onze de Setembro, com todas as paranoias de segurança, conseguiu embarcar uma motosserra elétrica para Itapecerica da Serra. Fora o "material descartado". Diego achava inacreditável a cultura norte-americana do desperdício. Em finais de feira, os expositores simplesmente não levavam de volta boa parte do material utilizado nos estandes. Depois do fim do evento, Diego fazia uma ronda para garimpar tesouros. Trouxe para o Brasil dezenas de caríssimas fitas dupla--face, ferramentas, agendas, cadernetas, o que encontrasse. O auge foi quando percebeu que um desses carrinhos para transportar móveis estava sendo deixado para trás. Não se fez de rogado. Botou o achado no carro alugado e convenceu a companhia aérea a não cobrar pelo excesso de bagagem. O tal carrinho ainda habita um quartinho da Pampa Mia.

13

O GORDO E O PÁJARO LOCO

NO PRINCÍPIO FOI O RÚGBI, SEMPRE ELE, O RÚGBI. Diego conheceu o advogado argentino Alfredo Capra por um amigo do amigo daquele outro amigo. Alfredo havia jogado rúgbi em Buenos Aires na mesma posição de Diego, de fullback. Depois precisou largar o esporte em função do trabalho. O escritório no qual trabalhava estava expandindo as operações e montava uma sede em São Paulo, com o propósito de atender a clientes estrangeiros que queriam abrir negócios no Brasil. As empresas precisavam de representantes legais brasileiros, gente honesta e confiável para assumir compromissos burocráticos e jurídicos. Diego era um brasileiro, ainda que seu sotaque carregado a toda hora parecesse colocar isso em dúvida. E era honesto, tremendamente confiável.

O rúgbi pode ter sido a primeira conexão entre os dois, mas não foi a principal. Os dois se atraíram mais pelas diferenças. Eram quase opostos sob muitos aspectos. Politicamente, filosoficamente, emocionalmente. Alfredo era racional demais, a ponto de parecer uma pessoa fria. Diego, o oposto. Mas tinham um grande ponto em comum: a boa mesa. E a conversa entre eles era fluida, se entendiam.

Diego logo foi arrumando apelidos para o novo amigo. Percebeu o cabelo levemente empinado com algo que parecia ser uma crista e tascou "Pájaro Loco", que é como os argentinos chamam o Pica-Pau na tradução do desenho animado. Se divertiu mais quando descobriu que os colegas de escritório chamavam Alfredo de "Pibe", o garoto. Nada de tão incomum entre argentinos, mas Pibe também era o cachorro de Diego. A revanche de Alfredo foi rápida: "El Gordo"; assim se tratariam sempre.

Alfredo resolveu arriscar e contratar Diego para ser o representante brasileiro de um cliente seu. Descobriu ainda mais diferenças entre eles. Se Alfredo era metódico com tudo, Diego mostrava-se desorganizado. E reconhecia isso. Queria aprender, e Alfredo dava o caminho das pedras. Alfredo insistia na necessidade da roupa mais formal, impecável, o que não era exatamente o jeito Diego de ser. Um dia chegou elegante ao escritório, Alfredo elogiou. Iam para uma reunião importante com um possível novo cliente. Alfredo deu o briefing: "Tenho um roteiro aqui, não podemos deixar o cliente dar as cartas, controlar tudo. Então você não abre a boca, deixa comigo, certo?". Diego abriu o seu melhor sorriso e concordou. Na reunião, formal e tensa, não se aguentou e falou para o potencial cliente: "Olha, faço o que vocês quiserem, quando vocês quiserem, do jeito que vocês quiserem. Eu estou aqui para isso". Alfredo pensou, mas não disse: "Gordo hijo de puta, o que combinamos antes? Agora o cliente vai montar na gente!".

Naquele instante, a tensão se dissipou da sala. Sorrisos na mesa. Negócio fechado. O toque humano de que aquele encontro talvez precisasse veio pelo discurso sem ensaio de Diego. Eles eram extremamente diferentes, e isso viria a aproximá-los cada vez mais. Combinavam as reuniões para assinar documentos perto da hora do almoço ou do jantar. Um queria surpreender o outro, "vou te levar a um lugar incrível". Alfredo veio um dia com um restaurante japonês raiz de prato feito. Mal chegaram e Diego estava arriscando com o sushiman palavras em um japonês macarrônico, talvez a expressão seja essa mesma. "Gordo, você mal fala português e vem falar japonês aqui? Não me faça passar vergonha", debochava.

Entre tantas provocações, um dia Alfredo ficou sem graça. Seu cunhado havia se suicidado nos Estados Unidos, e sua irmã, a viúva, estava vindo para o Brasil com os filhos. Quando Diego soube por Alfredo da tragédia, fez o convite-intimação, sem direito a recusa. A família de Alfredo mal desembarcou em São Paulo e já partiu para Itapecerica da Serra, numa quinta-feira. Diego tinha preparado um almoço alegre e acolhedor na Pampa Mia. A irmã não se esqueceu do gesto. Para o racional Alfredo, sempre contido nas emoções, o gesto de Diego de receber em sua casa uma desconhecida, e com tanto carinho, era algo grandioso.

Nessa época, Diego recebeu mais um convite para ser treinador. Não conseguiu dizer não. Seguia sem a convicção de que poderia se divertir na beira do gramado comandando outros jogadores, mas topou. Primeiro treinou o time de Seven do SPAC, o que abriria o caminho para a família se associar ao clube e seus filhos se tornarem jogadores. Depois, em 2014, virou head coach do time da Politécnica da USP. Em um jantar para angariar recursos para o time, reencontrou um antigo e querido amigo. Nicholas Anderson era um filho de ingleses que nasceu na Argentina, aprendeu rúgbi por lá e se mudou para o Brasil quando o pai foi transferido para trabalhar em Barretos, no interior paulista. Na época do vestibular, Nick se mudou para a capital na tentativa de passar no vestibular de engenharia. No primeiro dia do cursinho Anglo, viu um louro com uma camisa de rúgbi. Não acreditou. Aparentemente era a camisa verde, vermelha e amarela do Lomas, o time pelo qual torcia em Buenos Aires. Foi conversar com o lourinho e, já na primeira frase, percebeu que seria mais lógico que se comunicassem em espanhol.

Nick morava em um quarto apertado da Associação Cristã de Moços (ACM) e foi quase adotado pelos Padilla. Começou a frequentar o apartamento de Higienópolis. Nick passou no vestibular, se formou na Politécnica, jogou rúgbi pelo time universitário e depois saiu do Brasil para fazer carreira de executivo internacional em países como Argentina, Estados Unidos, Cingapura e Inglaterra. Muitos anos depois, em 2014, estava numa viagem a trabalho por São Paulo quando descobriu o jantar beneficente para o time de rúgbi da Politécnica. O encontro com Diego foi caloroso, como costumava ser quando se viam. No evento, havia uma rifa com sorteio para um ingresso para a Copa do Mundo de rúgbi, que aconteceria em setembro do ano seguinte no Reino Unido. Nick foi o sortudo, ganhou o ingresso. Imediatamente o devolveu para ser leiloado e arrecadar mais fundos. Diego fez cara de "queria muito ter sido sorteado", e Nick o desafiou. "Você é meu convidado para ver a Argentina na Copa do Mundo. Só chegue até a Inglaterra, ficará na minha casa em Cheltenham (noroeste de Londres), e deixe os ingressos comigo".

Não era uma bravata. Nick arranjou os tíquetes. Apostou que a Argentina se classificaria em segundo lugar do grupo que já tinha a campeã Nova Zelândia. Acertou em cheio o caminho argentino na competição e comprou os ingressos correspondentes para as fases seguintes. Tinha os dois jogos da Argentina. O primeiro deles, último da fase de grupos, ocorreria na cidade de Leicester, contra a Namíbia. Se passassem, os Pumas enfrentariam a poderosa Irlanda em Cardiff, pelas quartas de final.

Diego juntou milhas, deu um jeito em sua rotina de trabalho e voou com o espírito de uma criança indo para a Disneylândia. Para ele, assistir a um jogo de Copa do Mundo era a realização de um sonho. Nick, CEO de uma grande empresa, não tinha os dias livres para passeios com Diego, o que de modo algum foi problema. Com um passe de trem na mão, Diego conheceu a cidade do rúgbi, lugar onde nasceu o esporte, visitou os principais pontos turísticos da região e, evidentemente, se divertiu a valer nos supermercados. Comprava comidas diferentes, cervejas desconhecidas... Chegou à casa de Nick com uma sidra aromatizada com frutas vermelhas. Quando provou a bebida, Nick esteve a ponto de deportar o amigo. A velha amizade, porém, foi mais forte.

No primeiro jogo, em Leicester, foram de carro com dois outros amigos, um inglês e outro argentino. Nick se espantava com a quantidade de conhecidos de Diego na porta dos estádios. Mais marcante que a fácil vitória dos Pumas por 64 a 19 foi a cantoria dos sul-americanos na volta de carro com um CD de músicas folclóricas argentinas. Mas foi a segunda partida a mais marcante da viagem. Foram de trem para Cardiff, capital do País de Gales. Com eles estava o segunda linha Mariano Galarza, dos Pumas, que jogava em um clube perto de Cheltenham e era amigo de Nick.

    O encontro com Galarza, que estava suspenso por ter sido expulso na partida de estreia, foi o primeiro grande momento de Diego. O segundo foi quando ele percebeu que no mesmo trem estava ninguém menos do que o sul-africano Chester Williams. Além de ser um dos melhores jogadores da equipe campeã do mundo de 1995, ele entrou para a história do esporte por ser o único negro naquela equipe do país do Apartheid. Diego não perdeu a chance da foto. E os Pumas não perderam a partida em um estádio que estava mais ou menos na proporção de vinte torcedores irlandeses para cada argentino.

    O espírito do rúgbi permitiu uma viagem de volta tranquila e alegre para os minoritários torcedores. Mesmo com um categórico 43 a 20 e a eliminação irlandesa, foi possível confraternizar e conversar. Em um torneio vencido de novo pelos favoritos All Blacks, a Argentina tombaria na semifinal para a Austrália e ficaria em quarto lugar no Mundial, após perder para os sul-africanos. A Copa do Mundo de 2015, porém, teria um grande vencedor: Diego Padilla aproveitou sua Disneylândia esportiva como ninguém.

14

CORAÇÃO VALENTE E FRÁGIL

A PAIXÃO PELO RÚGBI ERA INABALÁVEL. Pelo jogo, pelos princípios. Pela harmonia entre o individual e o coletivo. Não se joga sozinho — um pelotão empurra o outro para seu campo de defesa. Não se faz isso sem vigor físico. O scrum é a melhor tradução disso. Oito homens fazendo o esforço máximo para avançar uns poucos metros. A progressão também não se dá sem inteligência tática. Passes mais curtos ou mais longos? Atacar pela direita ou pela esquerda? E não há grande time sem o grande jogador, o driblador rápido, o tackleador implacável.

O maravilhoso do esporte é que a partida de rúgbi nunca termina. O primeiro tempo dura 40 minutos; o segundo, mais 40. Depois, rivais viram parceiros no terceiro tempo, que é desfrutado por horas. E há ainda um quarto tempo. A partida de rúgbi prossegue na vida, quando os jogadores, que antes chafurdavam na lama, se esbarram em trajes civis nos ambientes sociais e profissionais. Ali se lembram dos princípios do esporte, da lealdade, do espírito de grupo, do respeito. Princípios que faziam todo o sentido no gramado e fazem ainda mais nas relações sociais. Por isso a confraria. Não uma confraria alicerçada no elitismo, no privilégio. O que une essa comunidade são mesmo os pilares do jogo. Essa camaradagem não se vê em outras modalidades: talvez o rúgbi esteja mais para religião do que para esporte.

Diego nunca perdeu a paixão pelo rúgbi, adorava os quatro tempos do esporte. É possível que já se enxergasse mesmo como treinador nos últimos anos antes de pendurar as chuteiras. Afinal, conhecia profundamente o jogo, a parte tática e, principalmente, a técnica. Sua liderança era incontestável. Dentro do gramado, "cantava o jogo". Fora de campo, incentivava os companheiros, corrigia erros, apontava caminhos. Suas palavras tinham o peso de sentenças para o resto da vida. Boa parte dos ex-jogadores se lembra exatamente do dia em que jogou pela primeira vez com ele. O advogado Werner Grau era juvenil do Alphaville em 1985 e foi chamado para substituir o titular Hedilson Fahl, que havia se machucado antes de uma partida do Alphaville contra a Medicina. Werner estremeceu quando ouviu a escalação do time e viu que atuaria como hooker ao lado de Diego Padilla, cinco anos mais velho e já um ídolo.

Dois dias antes da partida, Werner estirou o músculo posterior da coxa esquerda em uma pelada de futebol na escola. Lesão incapacitante. Foi ao ortopedista, que receitou o anti-inflamatório Profenid. "Por que um só?", perguntou. O médico explicou que, se tomasse mais de dois comprimidos, por oito horas não sentiria dor alguma, e esse era o problema. Ele poderia transformar o estiramento em distensão ou até em um rompimento do músculo. Pois Werner Grau tomou quatro Profenids e entrou em campo. Aguentou o jogo, brigou pela bola e fotografou na mente aquele momento para sempre.

    O Alphaville perdeu a partida, e, assim que o juiz apitou o fim, Werner se aproximou de Diego, que estava irritado, odiava perder. "Dieguito, joguei com você." Imediatamente a fisionomia de Diego mudou. Abriu um sorriso largo, deu um abraço apertado no garoto e saíram assim do campo. A rapidez para se colocar no lugar do outro era característica de Diego. A cena segue viva na memória de Werner e é reavivada esporadicamente por fisgadas na perna esquerda. O jogo custou um estiramento e uma regeneração muscular imperfeita. Isso sem contar a terrível dor de estômago após a partida provocada pelos Profenids consumidos como se fossem Tic-Tacs de hortelã.

    Com tanto talento para inspirar os jovens, seria natural que a atividade de treinador empolgasse Diego. Só que não era a mesma sensação de quando era atleta. Em campo, vivia plenamente o jogo. A angústia da competição era metabolizada pelo máximo esforço físico. Dentro do gramado, deixava tudo — a alma e um bocado de suor. Fora do campo, a angústia parecia ser maior. Não poderia pegar a bola e descobrir um espaço com ela debaixo do braço. Não seria possível entrar em campo, segurar o braço do companheiro e mostrar por onde ir. Nem adiantava cantar do banco o jogo, como sempre fazia. Dali, de longe, ninguém o escutava. Após dividir com Antonio Martoni a Seleção Brasileira, foi head coach do Rio Branco, que tinha se transformado em clube. Em 2012, ainda comandou o Seven do SPAC, e, em 2014, dirigiu a equipe da Politécnica. Era uma forma de se conectar, mas não era a mesma coisa.

Um sentimento semelhante acontecia quando jogava em equipes veteranas. Aí o conflito era mais interno, o Diego de ontem versus o Diego de hoje. A impossibilidade de executar as jogadas que o cérebro ordenava era outro incômodo. O corpo já não era o mesmo, muitos quilos acima do peso de atleta. E sabia que era um alvo em campo. Tirar a bola de Diego Padilla poderia ser, para alguns, um troféu. Se no passado isso tinha sido muito difícil, agora já não era tanto. O risco de lesão nessas trombadas aumentava demais. Já era um Robocop remendado — sua folha corrida de lesões engriparia qualquer impressora. Incontáveis cortes e pontos no rosto, na cabeça. Nariz quebrado. Joelhos avariados, dedos tortos e quebrados, cicatrizes. Numa partida, destruiu o maxilar e precisou de duas cirurgias. Numa delas, o médico comentou com sua mãe que o procedimento poderia ter afetado o nervo ótico. Na volta para o quarto, Diego não conseguia abrir o olho. Pronto, o pior tinha acontecido. Dona Teresita foi atrás do médico para saber se tinha jeito de recuperar aquilo. O médico apenas riu: tinha se esquecido de tirar o ponto que dera na pálpebra para que Diego não abrisse o olho na cirurgia. Estava tudo bem.

Numa outra pelada com veteranos, uma pancada séria no ombro. Foram cinco meses de dores e fisioterapia. Por mais que o corpo apitasse e dissesse não, ele teimava em ir. Era uma diversão e tanto jogar para depois celebrar as velhas amizades no terceiro tempo. Fez alguns jogos por uma equipe com o autoexplicativo nome de Dinossauros Rugby. Chamava a atenção, para quem via de fora, aquele jogador de 1,73 m e 120 quilos. Não tinha velocidade, mas estava intacta a qualidade do passe e do chute. Tomava as melhores decisões, era nítida a diferença para os outros.

As lesões novas e antigas eram limitantes, mas as hérnias incomodavam mais. Na falta de uma, Diego tinha três. A inguinal e a diafragmática eram internas, a umbilical era externa. Sabia que precisaria operá-las, sabia que o peso exagerado não ajudava. Não havia urgência, poderia esperar. Mas jogar rúgbi assim não dava mais. Arrumar tempo para essas peladas era uma questão adicional. Após os dois primeiros filhos (Aramis veio ao mundo em 2004; Matias, em 2006), o casal preparou uma segunda fornada. Agustín deu as caras em 2011 e Ícaro, em 2013. Amigos brincavam que a cada festa de fim de ano Mônica aparecia com mais um novo Padilla na barriga. E nada mudava no estilo do casal. Seguiam sendo os anfitriões sorridentes de sempre, os quatro filhos eram as atrações das festas de sábado e domingo. Durante a semana é que a rotina ficava mais pesada para o casal. O leva e traz de filhos da escola era intenso. Fora as atividades esportivas, os pequenos Padilla pareciam estar tentando até carreira olímpica. Aramis fez rúgbi, judô, tênis e squash. Matias, rúgbi, judô e tênis. Agustín faria judô e squash.

Em fevereiro de 2017, o perrengue doméstico atendia pelo nome de Ícaro. Quem disse que o moleque queria abandonar a vida boa da Pampa Mia, com carinhos da mãe e cachorros brincando, para ficar confinado na escola? Era chegar e abrir o bocão, ele queria voltar imediatamente aos seus domínios. Diego era o mais indicado para fazer a adaptação do filho. Por uma semana, ficou na escola com ele. No quarto dia, Diego sentiu um mal-estar e percebeu uma febre de 39 graus. Mesmo com antitérmicos, ela não cedia. São Paulo enfrentava um surto de dengue na época, poderia ser isso. Foi ao hospital fazer o exame. Dengue não era, só que havia sinais de insuficiência renal. Acabou indo ao Santa Catarina, em São Paulo, o hospital de confiança da família e onde Mônica havia trabalhado também.

Enquanto Diego passava por uma bateria de exames, Mônica foi buscar as crianças no clube. Quando voltou, o pânico. Diego já estava na UTI. Investigavam a tal insuficiência renal e descobriram uma enorme infecção em uma das válvulas do coração. Anos antes, um cardiologista já havia alertado que Diego, em algum momento, precisaria fazer uma cirurgia de correção do problema. Ele convivia com um prolapso leve da válvula mitral e uma insuficiência da aórtica que, no caso de Diego, era uma bicúspide.

Tinha parado de jogar, estava com falta de fôlego, uma pequena arritmia, colesterol e pressão altos, o kit "pendurar chuteiras" cobrava a conta. Era como se houvesse um vazamento na válvula bicúspide. Parte do sangue que passava por ali se perdia, e o corpo todo sofria com a insuficiência. O cansaço se explicava. Não havia urgência dessa cirurgia, poderia fazê-la um pouco mais para a frente, de preferência mais magro. Diego e Mônica perceberam naquele instante, no Santa Catarina, que o "mais para a frente" tinha se transformado em "aqui e agora". O cirurgião cardiovascular João Nelson Rodrigues Branco explicou que era necessário trocar a válvula. Imediatamente.

A cirurgia foi feita, e a fisionomia do cirurgião não era das mais animadoras ao encontrar Mônica. A válvula havia sido colocada, só que a infecção encontrada era maior do que o esperado. Diego voltou ao quarto dias depois, ao vencer a batalha contra a infecção. A previsão era permanecer 28 dias internado, por causa dos antibióticos para a endocardite na válvula aórtica. A evolução no combate à infecção era atestada pelos exames. Diego, para assuntos médicos, não era exatamente aquele fullback destemido dos tempos do Alphaville. Na família, a turma se divertia com suas queixas exageradas: tudo doía, parecia ampliar pequenos desconfortos. Talvez por isso tenham relativizado as constantes reclamações dele no quarto, principalmente de falta de ar e cansaço. O médico estranhou e resolveu fazer um novo exame, um ecodoppler, para avaliar o fluxo de sangue no coração.

A suspeita se confirmou. O cirurgião relembrou que a cirurgia para a colocação da válvula tinha sido complicada pelo tamanho da infecção. Para fixar a válvula, por haver tecido necrosado, a costura fora feita com o chamado "ponto manteiga", quando a superfície está tão mole que o ponto escapa. O resultado prático foi que... o procedimento não funcionou.

A infecção foi debelada, mas a válvula ficou sem fixação, e continuava escapando sangue. Diego precisaria voltar para a sala de cirurgia para colocar uma nova válvula. O desânimo foi total. Como não havia alternativa, encararam o desafio. A fisionomia do doutor Nelson ao final era outra. O sorriso indicava que tinha dado certo. O calvário de 35 dias no hospital, com duas cirurgias e nove bolsas de sangue usadas em transfusões, parecia ter chegado ao fim.

15

OS BRUTOS TAMBÉM CHORAM

ERAM OITO HOMENS, OITO FARSANTES. Todos disfarçando o desconforto de entrar naquela água gelada do rio. Ninguém queria sair mal na foto. Afinal, eram ou não eram homens? O retrato saiu, nenhum deles refugou nem fez cara de frio. Os oito fazendo a mesma coreografia, braços levantados como se fossem lutadores. A foto misturava humor e amor.

Lá estavam eles, os dois amigos de novo nas cavernas do Petar. Daniel Pinsky e Diego Padilla voltaram no tempo. Em 1997, estavam em turma, com a Galera, eram jovens e a diversão beirava a inconsequência. Agora, em novembro de 2018, eram homens responsáveis por outros pequenos homens. Diego tinha Aramis, Matias, Agustín e Ícaro, com 14, 12, 6 e 5 anos, respectivamente. Daniel era o pai de Guilherme e Fernando, de 11 e 7 anos. Os oito entraram na água e saíram dela felizes e gelados. Vanessa registrou o momento, enquanto Mônica secava os menores.

O lugar era o mesmo, a beleza de 21 anos antes seguia intacta. Entre os mergulhos de 1997 e 2018, muito havia se passado. Daniel tinha virado editor de livros e maratonista, e Diego tinha feito um milhão de amigos e colecionado outro milhão de histórias. O mais importante era que tinham formado famílias sólidas e eram ainda mais próximos do que antes. Reprisar a ida ao Petar era um risco, afinal, tentariam repetir a melhor viagem de suas vidas em circunstâncias bem distintas. E, se a experiência não fosse ótima, poderia de algum modo macular as boas memórias do milênio anterior?

Na realidade, mais do que revisitar um lugar muito bonito, eles queriam dividir com suas mulheres e filhos algo que havia sido tão marcante. E conseguiram. Fizeram trilhas, entraram em cavernas, desceram o rio em câmaras de pneu, tudo aquilo que tinham feito antes. Só que agora explicando para a molecada, repartindo. Era diferente, mas igualmente maravilhoso. Mas não foi fácil para Diego. Ele estava sem fôlego, a cada caminhada ia ficando um pouco para trás. Daniel percebia e o acompanhava na retaguarda. A insuficiência cardíaca cobrava seu preço. Mas Diego disfarçava o esgotamento tão bem quanto a molecada escondeu o frio na água. Ele não queria atrapalhar aquele momento tão rico com suas fragilidades.

A preocupação de Diego não era apenas falta de fôlego; a cabeça também não andava boa. Quando deixara o hospital, em abril de 2017, sabia que o sucesso das cirurgias era incerto. Continuava o "vazamento" de sangue, e a expectativa era que no processo de cicatrização a válvula se ajustasse perfeitamente. Não foi isso que aconteceu. O problema continuava, e isso sobrecarregava a outra válvula do coração, a mitral. Estava ficando claro que ele precisaria de uma terceira cirurgia. Combinaram que tentaria perder peso antes para diminuir o risco na nova intervenção. E aí estava o drama...

Para Diego, comer sempre havia sido um duplo prazer. Primeiro pela comida em si — adorava, desde pequeno. Segundo, por ser o grande momento de conexão com os amigos. Era glutão e *gourmet* ao mesmo tempo. Quando era criança, na Argentina, a família costumava alugar uma casa em Punta del Este. Viajavam de *ferryboat* até o balneário uruguaio, e no barco faziam alguma compra no *free shop*. Ricardo e Teresita cometiam a extravagância de comprar latinhas de caviar, imaginando que não teriam sócios quando chegassem em casa, afinal crianças costumam detestar as ovas pretas de esturjão. De fato, todos os filhos torciam o nariz, menos Diego. Muito pequeno, era ele quem experimentava também os restos de uísque deixados em copos nas festas da casa de Flores. *Gourmet*, sim, comilão também. Oscar, seu amigo de infância que depois viraria padre, lembra-se bem de Diego lambendo travessas de flã até a última gota de calda, escondido debaixo de uma mesa. Ao menos do pecado da gula Diego foi absolvido pelo padre Oscar ao longo da vida.

A questão da comida ficou mais relevante após parar de jogar. Já não tinha como queimar o consumo calórico, um problema corriqueiro que a maior parte dos ex-atletas enfrenta. Só que com Diego isso era ampliado pelo aspecto psicológico. Um dos grandes prazeres do rúgbi era o encontro com os amigos, momento em que era feliz. Com as chuteiras penduradas, a boa mesa substituía os gramados. Na Pampa Mia, montou uma espécie de *bunker* culinário-afetivo. Na área da churrasqueira, ao lado da piscina, se armou até os dentes: duas geladeiras, parrilla, micro-ondas, forno de pizza, fogão industrial, catorze vidrões onde fabricava cachaças aromatizadas com frutas. E mais um mesão. Só o tampo de cumaru ou garapeira (há controvérsias sobre a madeira utilizada) pesava 600 quilos. Transportar aquilo foi uma epopeia, até porque a camionete que a levou até Itapecerica da Serra não venceu a inclinação da entrada da casa. Um batalhão quase desfaleceu para carregar a bendita mesa morro acima.

A vida era boa demais nesse pequeno *bunker*. Os amigos sempre chegando, carne assando, as crianças se divertindo, cachorrada latindo, mais pizza assando, histórias velhas e novas sendo contadas. Em um dia de semana qualquer de 2019, Diego foi almoçar com Daniel nas proximidades da editora Contexto, no bairro da Lapa. Foi um encontro estranho, incomum. Diego não estava alegre, como de costume. Estava preocupado. Sabia que seu problema de saúde era sério, que corria risco de vida. A experiência das duas cirurgias anteriores tinha sido traumática. Ter que passar por tudo aquilo de novo era duro de assimilar. E precisar emagrecer, para ele, significava necessariamente reduzir o prazer da mesa com os amigos no momento da vida em que mais precisava deles.

A contradição estava posta em sua vida. Estava angustiado — fazer dieta naquela situação podia ajudar o corpo, só que a cabeça não deixava.

Em abril de 2019, realizou mais uma bateria de exames. O doutor Nelson percebeu que a estratégia da dieta antes da cirurgia não estava funcionando. E o tempo passando, a insuficiência cardíaca sempre presente. Era melhor inverter a equação: tentar marcar a cirurgia assim mesmo. Com o coração funcionando melhor, ele poderia voltar a praticar alguma atividade física regular e assim perder peso. Diego se convenceu, conversou com Mônica, concordaram, só não se apressaram.

Em junho, uma pausa na angústia. Daniel Pinsky comemorava duas datas significativas e organizou tudo numa mesma festa. Completaria seus 50 anos de vida e 15 anos de união com Vanessa, e avisou a Galera com boa antecedência. Assim, foi possível que Angela, madrinha do casamento em 2004, pudesse vir da Espanha. Quase todos da turma (à exceção de Pio, que não estava em São Paulo) estavam lá. Diego tomou conta da pista de dança, como de costume. E disfarçou bem a falta de fôlego que sentia. Não sabiam, mas o próximo grande encontro da Galera aconteceria em circunstâncias bem distintas.

Dois meses mais tarde, um fato acenderia o sinal de alerta do casal. O ex-jogador Ricardo Ramunno morreu repentinamente, por insuficiência cardíaca. Miúdo, apelido irônico daquele homenzarrão de quase dois metros e mais de 140 quilos, havia sido jogador do Pasteur, companheiro de

Seleção Brasileira, e agora treinava Aramis nas categorias de base do SPAC. Poucas semanas antes, Diego havia perdido um ex-sócio em um pequeno negócio que tivera para importar lacres de cerveja. Luis Henrique Barbosa havia tido complicações no pâncreas, mas também fora uma morte repentina. Aquilo tudo podia ser um aviso. Talvez fosse melhor mesmo fazer a terceira cirurgia, até para não atrapalhar o "Projeto Nova Zelândia".

Já fazia algum tempo que o casal acalentava o sonho de proporcionar uma experiência internacional de estudo para cada um dos filhos. Aramis seria o primeiro da fila. Angela havia conversado com Diego para receber por uns meses Aramis na Espanha. Estava tudo certo, o garoto ainda treinaria com o marido de Angela, seria ótimo. Só que apareceu um novo convite. Fermin, o irmão mais novo de Diego, se casou com uma neozelandesa e montou uma empresa de decalques de carro na pacata cidade de Nelson, bem ao norte da maior das duas grandes ilhas da Nova Zelândia, a do Sul.

Quando esteve no Brasil de férias, Fermin comentou sobre a possibilidade de receber Aramis em um ano letivo. Poderia estudar em Nelson e ainda jogar rúgbi na escola. O sobrinho enlouqueceu com a possibilidade. Quando os Padilla foram fazer as contas, a ideia se mostrou um tanto mais complexa. Não era barato. Se Aramis nada gastaria em comida e hospedagem, havia a passagem. E principalmente a escola, que é quase de graça para os moradores do país e caríssima para estrangeiros. Mas valia demais. A viagem serviria para aperfeiçoar o inglês do primogênito, para ele conhecer uma nova cultura e, de quebra, jogar rúgbi no país dos poderosos All Blacks.

O custo da escola não se encaixava mesmo no orçamento dos Padilla. Mas aí a Providência resolveu bater ponto na Pampa Mia. O advogado Alfredo Carpa apareceu com um novo cliente de seu escritório, e os honorários para Diego eram generosos. Grande parte da viagem para a Nova Zelândia estava garantida com aquele trabalho. Fermin vibrou do outro lado do mundo. E convidou Diego para que fosse com Aramis e ficasse alguns dias em Nelson. Ele ia adorar. As comidas, as conversas, o rúgbi — ia ser demais passar um tempo com o irmão mais velho. A passagem era por conta do caçula, um presente que também era para ele mesmo.

Havia um risco, porém. Com o problema na válvula e a insuficiência cardíaca, uma longa viagem de avião poderia ser extremamente danosa para Diego. Mais uma razão para não protelar o que precisava ser feito. Começaram o processo todo para fazer a terceira cirurgia: papelada do convênio, mais exames para a internação. A cirurgia foi marcada para o dia 23 de outubro de 2019, para a frustração de Diego. É que no dia 26, um sábado, iria acontecer um encontro de veteranos no SPAC, chance para rever os amigos. E principalmente, no domingo, 27, tinha final de Campeonato Paulista dos Juvenis do M18 do SPAC em Jacareí. Aramis estaria em campo; como perder uma final do filho? O telefonema do convênio foi em tom de desculpa. A cirurgia precisaria ser adiada por uns dias e só ocorreria na segunda-feira, 28. Diego vibrou — festa com velhos amigos e jogo do filho garantidos.

O dia amanheceu ensolarado na represa de Guarapiranga. Estava todo mundo lá: a turma de Alphaville, Pasteur, Medicina, Bandeirantes... Mais de cem animados ex-jogadores compareceram ao evento. Haveria uns joguinhos entre veteranos, mas dessa vez o terceiro tempo era a partida de fundo. Num mesão, salada, pedaços de carne, choripan (pão e linguiça com sotaque argentino). E cervejas, muitas. A mesma camaradagem de sempre, as velhas histórias, piadas sendo reprisadas. Havia um assunto sério e, para Diego, urgente. Precisava falar com Maurício Draghi, ex-jogador do Pasteur e coordenador de um lindo projeto chamado Rugby para Todos, que busca a inclusão de jovens carentes no esporte.

Diego tinha recebido um telefonema da amiga Líbia, que seguia atuando na ONG do Jardim Irene, na zona sul de São Paulo. Alguém de lá havia se lembrado do "amigo argentino" dela: será que não daria para montar algo de rúgbi na comunidade? Diego se empolgou e queria conectar Líbia e Mau Draghi. Essa era uma de suas especialidades — juntar pessoas, fazer as coisas andarem. Era padrinho do Rugby para Todos. Anos antes, Diego tinha até participado de um evento de jogadores do All Black em Paraisópolis. Levou os filhos e se emocionou ao ver Aramis e Matias treinando em uma comunidade paulistana com a seleção de rúgbi mais emblemática do planeta. Entre um choripan e outro, achou Mau na festa do SPAC, explicou tudo, claro que havia interesse. Ligou então para Líbia: "Pronto, está conversado com o Mau, é só telefonar semana que vem. Se eu não voltar, está tudo acertado". Ouviu uma série de palavrões da amiga: como assim "não voltar"?

Na festa, estava sorridente, como de costume, abraçando um por um. Mas fazia questão de conversar com os mais chegados e também com aqueles que não via havia muito tempo, para contar que dali a dois dias faria uma cirurgia no coração. Não escondia que estava com medo. Isso não era normal, muitos estranharam. Diego queria compartilhar o sentimento, e compartilhou.

No dia seguinte, o clima já era outro. Menos temores com a saúde, nada de nostalgia. Aí era dia de jogo, de decisão. E era o filho que estava em campo. A preocupação era esportiva. O Jacareí defendia o título do ano anterior, era a única equipe invicta da competição. Diego encheu de confiança o filho, relembrou as orientações mais importantes. Como era importante o primeiro tackle da partida. Era ali que se mostrava ao adversário o que seria a história do jogo. Reforçou a importância de ser agressivo sem ser violento. De revidar com pontos as eventuais provocações. De se matar para não deixar a bola quicar antes da grama. Uma vez que a bola oval encontra antes o solo, impossível saber qual será a sua direção.

Diego até tentou descontrair durante o jogo. Quando Mônica percebeu, lá estava ele aceitando o convite dos "inimigos" e mandando para dentro umas lasquinhas do churrasco que faziam. Só que a partida foi tensa demais. Apesar do ótimo início do SPAC, com dois tries, o Jacareí veio para cima e virou com dois tries, mais penalidades. O 10 a 0 tinha se transformado em 15 a 10 para os donos da casa. Diego se esqueceu de todos os seus dramas médicos e berrava como se fosse o treinador preocupado, ou como o pai desesperado que era. Talvez gritasse com a energia combinada das duas funções. Faltando cinco minutos para o fim, o SPAC conseguiu uma arrancada perfeita e o try. Com o empate em 15 a 15, venceria o campeonato quem tivesse feito o maior número de tries na partida. SPAC campeão, portanto.

Aramis saiu do campo dividido, feliz pelo título, mas insatisfeito com a sua atuação, por ter tocado menos na bola do que gostaria. Já no abraço emocionado do pai, a prosa mudou. Diego ressaltou o incrível papel tático do filho, fechando espaços e dando suporte para quem estava com a bola. Estava orgulhoso do filho campeão. Aramis voltou de Jacareí duplamente condecorado: era campeão paulista juvenil e tinha recebido o melhor elogio do pai na véspera da cirurgia.

Diego Padilla se internou no HCor após um fim de semana glorioso. Churrasco com os amigos da vida no sábado, festa de título em família no domingo, não podia ser melhor. Chegaram bem cedo ao hospital e a cirurgia começou às nove da manhã. Mônica tinha experiência de hospital e sabia que a cirurgia seria bastante complicada. Não era apenas o problema do vazamento na válvula bicúspide, mas a outra válvula, a mitral, também não funcionava bem e precisaria ser trocada.

Só às 15h Mônica foi chamada ao centro médico para as primeiras informações. Que eram boas. A cirurgia tinha sido bem-sucedida, e ele estava indo para a UTI. Mônica só estranhou a informação de que uma válvula metálica fora utilizada, e não a biológica (proveniente de porco ou boi), como anteriormente combinado. Segundo o médico, Diego teria autorizado pouco antes a mudança de planos. A escolha dizia respeito ao futuro. Com válvula metálica, Diego precisaria tomar anticoagulante para sempre. A vida útil da biológica, que não necessitava do anticoagulante, era de até uns 15 anos. Ou seja, possivelmente seria necessária uma nova cirurgia no futuro. O temor de Mônica era o jeitão destrambelhado de Diego, que se esquecia de remédios, se cortava com faca em churrasco. Um eventual sangramento, morando no meio do mato, não parecia boa ideia para quem iria depender para sempre de anticoagulante.

Mônica viu Diego sedado na visita das 20h na UTI e voltou para a Pampa Mia. Achou que poderia dormir tranquila e voltar na manhã seguinte. Mal chegou em casa e o telefone tocou. Houvera um sangramento e Diego precisaria voltar ao centro cirúrgico. O médico disse que isso estava dentro da normalidade, que não adiantaria ela voltar ao hospital naquele momento. Por volta de duas horas da manhã, o doutor Nelson ligou, explicando que parecia haver um sangramento difuso. Foi feita a transfusão, e Diego seguiria intubado na UTI. No dia seguinte, ela ficaria sabendo que, no momento de finalizar o procedimento, Diego tivera uma reação pulmonar, provavelmente relacionada à transfusão.

Os cinco dias seguintes foram uma montanha-russa com mais descidas do que subidas. Muitas bolsas de sangue — onze no total. Diego piorava lentamente. Os rins pararam de funcionar. Após a hemodiálise, o fígado parou. No domingo, seis dias após a cirurgia, a equipe médica chamou a família para comunicar a falência de órgãos. Além dos rins, os pulmões não estavam respondendo, e o fígado havia parado. A ironia mórbida da situação era que o coração, o vilão dos últimos anos, funcionava plenamente.

Os amigos Líbia e Daniel chegaram ao hospital no fim da noite e se juntaram aos irmãos Padilla. Mônica entendia perfeitamente o quadro. Disse que esperava por um milagre, pois a medicina já não oferecia esperança àquela altura. Para uma família tão religiosa, fazia sentido. Pediu a Líbia que tentasse encontrar um padre. Líbia achou um ex-colega de escola, mas padre Oscar chegou antes, pelo telefone. Mônica levou o telefone ao ouvido de Diego, e a bênção veio de Buenos Aires. Faco seguia falando com o irmão em espanhol e o acariciava. O filho Matias entrou no quarto e deu um beijo na bochecha do pai. Pegou o pé do pai e disse: "Papito, estou indo, mais tarde eu te vejo".

Diego Padilla morreu aos 59 anos, na segunda-feira, 4 de novembro de 2019. O velório aconteceu na Vila Mariana. Não havia onde estacionar. Um dos presentes descreve a cena como um funeral de artista. Gente demais para o lugar, muitos não conseguiram dar as condolências para dona Teresita, Mônica, aos irmãos, aos filhos. Diego era personagem central de muitas turmas. Era um agregador. Tinha um talento nato para se tornar amigo dos amigos dos amigos. Essa corrente de solidariedade e atenção tinha tantos elos quanto a vista podia alcançar. Jogara no Nippon e no Alphaville, mas estava no grupo de WhatsApp dos rivais do Pasteur. Alguns pais de amigos talvez tenham sentido mais a morte dele do que os próprios filhos. Porque Diego entendia quem era importante para os amigos. E essas pessoas receberiam um carinho e uma atenção incomuns — e permanentes. Isso não era pensado nem articulado. Foi assim na escola La Salle de Buenos Aires, nos anos 1960, e continuava a ser assim na escola dos filhos em Itapecerica da Serra, em 2019.

Chamava a atenção no funeral a quantidade de marmanjos gigantes do rúgbi chorando feito crianças. Nada daquilo fazia sentido. Uma semana antes, Diego estava rindo com vários deles na festa de veteranos do SPAC. Com um choripan em uma mão e um copo de cerveja na outra, celebrava a vida. No final do velório, alguém puxou o canto, e um som grave tomou conta do ambiente:

> *Aí vienen, aí estan, los muchachos de Alphaville*
> *Los muchachos colosales tienen muy buenos modales.*
> *Cuando entran a la cancha*
> *Se escucha la bocina de las 1.500 minas que lo vienen aplaudir*
> *Lá-lá-lá, lá-lá-lá, hei-hei, como no vamos a ganar con este equipo tan sensacional*
> *No tenemos camisetas, no tenemos pantalones*
> *No tenemos un carajo, pero somos campeones.*

Era o hino do Alphaville, cantado a plenos pulmões pelos grandalhões do rúgbi, inclusive por quem era de equipes rivais. Naquele dia não havia times, todos trajavam a mesma camisa. Aramis, Matias, Agustín e Ícaro certamente carregarão apenas tristeza desse dia. Com o tempo, porém, é possível que se lembrem do momento com orgulho. O tamanho da despedida dá a dimensão de quanto o pai deles fez por tanta gente.

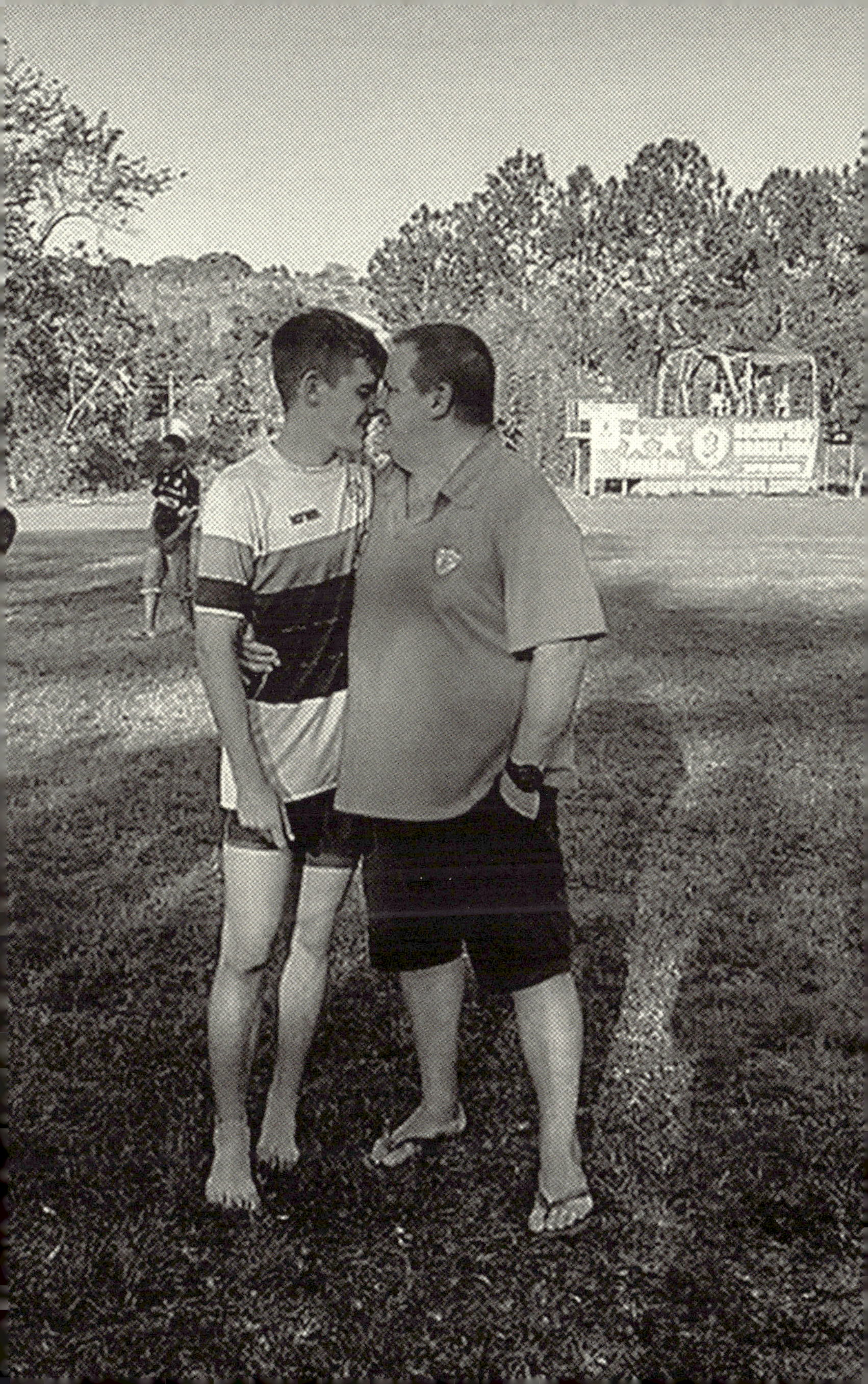

16

A NOVA ZELÂNDIA E O GUACAMOLE

Foi uma decisão dura, sob todos os aspectos. Aramis tinha diante de si a viagem dos sonhos. Aos 16 anos, iria para o outro lado do mundo aperfeiçoar o inglês e jogar rúgbi na terra dos All Blacks. E ainda teria o conforto de ficar na casa do tio, com a companhia dos primos.

A morte repentina do pai gerava uma série de consequências. Como deixar a mãe sozinha com os três irmãos menores? Os pequenos Agustín e Ícaro, de 9 e 7 anos, não precisariam da referência do irmão mais velho, agora que tinham perdido o pai? Isso sem falar da questão financeira, nos novos tempos. Sem o provedor da casa, qualquer gasto a mais deveria ser bem pensado.

Aramis recebeu incentivos de todos os lados para facilitar sua decisão. Tios, amigos... Não faltou oferta de ajuda financeira caso isso fosse necessário. Mônica deixou claríssimo ao filho que daria conta do recado na Pampa Mia, como sempre dera. Explicou que aquela viagem, que já estava praticamente toda paga, era um sonho de Diego, que queria dar essa oportunidade aos quatro filhos. Mas ao mesmo tempo apresentou uma rota de fuga. A viagem era desejo de Diego, mas a vida era de Aramis, que em hipótese alguma deveria se sentir forçado a nada.

Aramis embarcou para Nelson, na Nova Zelândia, para a alegria do tio Fermin. Assim como o irmão mais velho havia sido seu tutor, ele poderia retribuir o carinho ajudando Aramis. E assim foi. O garoto aprendeu inglês, desfrutou uma nova cultura e conheceu um outro rúgbi. E se divertiu. A família se virou bem sem ele. Amigos que surgiram de todos os lados deram suporte. A família Padilla, como já acontecera antes, se uniu ainda mais na adversidade. Faco assumiu mais responsabilidades práticas com os sobrinhos, Javier ficou mais atento desde Joinville, Têre seguiu dando o apoio costumeiro.

No núcleo duro da Galera, a partida prematura de Diego deixou a maioria desnorteada. Era ele quem costurava as relações, promovia os encontros. Cada um percebeu rapidamente o que mais lhe faltava. Líbia se emociona quando se lembra do chilli "sem carne" que Diego fazia. Nos eventos da turma na Pampa Mia, ligava antes para a amiga vegetariana para confirmar sua presença. Diego fazia o panelão com a sua especialidade, o tradicional chilli com carne, e uma panelinha com sua invenção, o chilli com abobrinha. Era o prato de Líbia. Diego mesmo fazia a escolta armada com colher de pau ao lado do fogão. "Tira a mão daí, vai comer o chilli com carne, esse é o da Líbia." Esse cuidado com as pessoas era o seu tempero especial.

Com Chris Pinheiro, foi o guacamole que pegou. Era um dos seus pratos prediletos. Diego preparava e descrevia os passos como se estivesse em um programa de culinária. Sabia que a amiga apreciava, fez questão de treiná-la na receita. Era o prato dela. Três semanas após a morte de Diego, Chris desistiu do seu ritual de todos os anos, que era preparar um jantar caprichado no Dia de Ação de Graças. Passou em um McDonald's para ganhar o tempo de que precisava no tatuador e estampou um abacate no braço. Era o guacamole, mas também era Diego. Cada vez que volta a Pampa Mia, a tatuagem é a diversão do pequeno Ícaro. Ele vai esticando o braço de Chris e deformando o abacate de diferentes formas. "Olha o Papito magrinho, agora ele grandão...".

Na Espanha, a notícia da morte tirou o chão de Angela. Diego não era apenas seu melhor amigo, mas a senha para se conectar com a rede de amigos e com o próprio Brasil. Desde que se mudara para Las Rozas, Diego tinha virado o ponto de contato, já que o resto da família havia se mudado para os Estados Unidos. Era com ele que conversava sempre, era por ele que voltava ao Brasil nas férias. Para piorar, estava a milhares de quilômetros de distância no dia do funeral. Acompanhou tudo pelos relatos por WhatsApp da amiga Sílvia. Quarenta e cinco dias depois, tatuou no braço direito uma bola de rúgbi com a letra "D" ao centro. Era uma forma de compensar essa distância toda: agora Diego estava à vista, ao alcance de um toque.

Por mais que amasse o amigo, tatuar-se estava fora de cogitação para Daniel Pinsky. Então, como lidar com a perda? Diego Padilla merecia ter a sua história tatuada em algum lugar onde pudesse ser vista por mais gente. Para um editor de livros, a melhor superfície para isso costuma ser o papel. Montou o projeto para financiar o livro e se espantou com a adesão instantânea, principalmente da comunidade do rúgbi. Mais que uma homenagem, o livro seria um modo de garantir que a história de Diego seguisse viva e inspirando mais gente.

17

A HISTÓRIA DA HISTÓRIA

A CACHORRADA ESTAVA INDÓCIL, NÃO AGRESSIVA. Puma, Dolly, Athos e Mingau se acostumaram aos muitos visitantes e pareciam saber que quem embicava o carro naquele portão não era inimigo. Pelo contrário, só podia ser muito amigo. A recepção calorosa dos quatro filhos ao lado da casa era a confirmação disso. Mão estendida, sorriso e olho no olho. Os temores do repórter mascarado nos tempos de pandemia iam aos poucos ficando para trás. O medo de trazer o vírus urbano para aquela família no meio do mato diminuiu naquela casa bem arejada, com distanciamento e máscara. O receio de magoar aquela família tocando em feridas recentes abertas prosseguiu por mais um tempo.

    O repórter foi abduzido de cara pelo caçula Ícaro, que o levou para conhecer o seu mundo. Ele mostrou brinquedos, contou histórias, apresentou objetos construídos ou adquiridos pelo seu super-herói. Fez tudo isso com empolgação, como se tivesse pressa para que se absorvesse a maior quantidade de conteúdos no menor tempo possível. Depois foi a hora do tour pelo terreno. Foi o mais velho, Aramis, quem fez as vezes do pai, mostrando árvores e plantas e dando a cronologia de obras que foram feitas ali nos últimos anos. A conversa com Mônica foi na cozinha, preparando o macarrão. Mesmo os maiores perrengues foram narrados com humor, em tom de aventura. Talvez porque aquela família tenha sempre encarado a vida como se fosse uma grande aventura, mesmo quando as coisas não davam tão certo.

Por alguns minutos, a conversa alegre deu um tempo. Era o momento que o repórter mais temia, ao fazer as perguntas sobre doença, sobre morte. Aramis relembrou o abraço que recebera do pai logo após se tornar campeão paulista juvenil de rúgbi. No dia seguinte, Diego se internaria e não voltaria mais para casa. Os olhos de Aramis marejaram quando percebeu que era a mãe, sempre tão forte, quem estava mais fragilizada naquele instante. O espetacular pudim de leite de calda espessa, sobremesa preferida de Diego, fez os sorrisos firmarem até a tensão ressurgir no ar. Haveria um segundo pedaço para os quatro garotos com a presença daquele forasteiro na mesa?

Escrever a história de quem não se conheceu é um desafio a mais. É quase a sensação do deficiente visual que precisa reconstruir a imagem de um ambiente em 3D a partir dos sons capturados para poder se mover e não tropeçar em nada. No caso de Diego Padilla, foram muitas vozes ajudando. Gente que queria falar, que precisava falar. A generosidade dos entrevistados para resgatar imagens e histórias foi notável. Mais impressionante foi a emoção. Foram 35 pessoas entrevistadas, algumas delas várias vezes. Gente falando de Buenos Aires, Londres, Trancoso, Nova York, Nova Zelândia, Belo Horizonte, Connecticut, Joinville, Camburi, Califórnia, São Paulo, Mendoza e Madri. Quase todas choraram em algum momento da conversa. Por razões diferentes, em circunstâncias distintas. Mas o gatilho emocional era sempre o mesmo: gratidão. Diego espalhou generosidade por onde passou, todos tinham alguma passagem que comprovava isso.

Ricardo Lima, o Pio, é um maluco beleza. Trabalhou feito um mouro até os 40 anos. Juntou o dinheiro que ganhou e resolveu curtir a vida adoidado. O verbete "hedonismo" dos dicionários deveria ter a foto de Pio para ilustrar. A conversa com ele foi logo após o Carnaval, por vídeo. Ele estava em Trancoso, na Bahia, parecia vir de noites viradas. Tinha dividido apartamento com Diego por alguns anos e ressaltou de saída as enormes diferenças de temperamento entre eles. Ele era o sujeito despreocupado que não problematizava nada. Nunca se emocionava. Diego, ao contrário, era afetivo, emoção pura, abraçava e beijava os amigos. Com meia hora de papo, o discurso inicial desabou, e Pio deu aquela engasgada quando lembrou o clima de estádio no enterro dele.

Diego parecia mesmo ter esse talento para se conectar não apenas com pessoas com as quais se identificava, mas também com os opostos. Sua relação com o advogado Alfredo Capra vai muito nessa linha. O "Pibe" Alfredo se autodenomina uma pessoa extremamente racional, gelada, com dificuldade de lidar com as próprias emoções. Diego, de alguma maneira, bagunçou esse coreto. Alfredo estava em Buenos Aires quando soube por Mônica da primeira cirurgia e que Diego estava mal na UTI. Apesar de ser agnóstico, o advogado passou aquela noite rezando, com a certeza de que "se não fizesse isso o amigo morreria". E, apesar da autodeclarada frieza, se emocionou também na entrevista quando lembrou que Diego pedira a Mônica que, se algo lhe acontecesse, falasse com Alfredo...

Diego viveu sem grandes apertos financeiros. Mas sem luxos. Por conselho de Alfredo, contratou bons seguros, deixou alguma reserva para a família. Desde a adolescência, trabalhava para poder jogar rúgbi. Para poder custear as viagens, o material esportivo. Depois, para cuidar da família. Tudo sem grandes sobras. Mesmo assim, ao longo das entrevistas para este livro, apareceram vários relatos de empréstimos, doações. Fez isso com o caçula Fermin. Emprestava o carro, ajudou a financiar o bar em que foi sócio. Padre Oscar, amigo de infância, lembra-se de ter passado alguns dias hospedado na Pampa Mia, em uma época em que sua paróquia em Buenos Aires se equilibrava precariamente nas doações. Quando voltou para casa, padre Oscar abriu seu livro, percebeu uma importante quantia dentro e pensou: "Veja onde o... (perdão por pensar um palavrão) arrumou para deixar a doação. Ele sabia que, se eu tivesse descoberto antes, teria devolvido na mesma hora".

Quando a irmã estava mudando de casa, se apressou para inteirar o que faltava no negócio. Escondido, chamou Mariana, filha mais velha de Têre. "Cada uma de vocês escolha um móvel novo para o quarto de vocês que eu vou dar de presente. Só não contem para a sua mãe." Têre só soube de tudo depois, e se emociona quando se lembra disso.

As conversas com os grandalhões do rúgbi tiveram uma pegada semelhante. Cada um tinha algo mais tocante para lembrar. Daniel Benjamin é um bem-sucedido engenheiro aeroespacial que vive na Califórnia. Bem-humorado e com memória prodigiosa, ajudou muito nos primeiros tempos de Diego no Brasil. A conversa vinha fluida até se lembrar da última vez que se encontraram, em um churrasco na Pampa Mia. Benjamin precisou de uns segundos para se recompor.

Márcio Duailibi tinha perdido o pai. Diego não apenas o abraçou, mas o presenteou com o livro sobre os sobreviventes dos Andes. Em 1972, o avião transportando o time de rúgbi de um colégio de Montevidéu caiu nas montanhas entre a Argentina e o Chile. Por 72 dias, os atletas sobreviveram no frio extremo e sem alimentos. Tiveram que se alimentar dos próprios companheiros que haviam morrido na queda. A história é um tratado de sociologia. Eles só sobreviveram porque estabeleceram entre si uma espécie de sociedade da neve. O próprio ato de se alimentar de carne humana foi aceito por aqueles jovens muito católicos como um modo de comunhão. Se Cristo dera seu corpo e seu sangue pelos outros, por que eles não poderiam fazer o mesmo? Dois dos sobreviventes conseguiram buscar ajuda caminhando dezenas de quilômetros entre montanhas nevadas quase intransponíveis.

Diego havia conhecido pelo rúgbi um deles, o jovem médico Roberto Canessa, que seguiu jogando com a camisa da

Seleção Uruguaia. Aquela era uma história de solidariedade, resiliência e, sobretudo, de compaixão. Uma história de *rugbiers*, a cara de Diego. O livro ajudou Marcião naquele momento difícil. Nunca foi esquecido.

O detalhista Márcio Duailibi foi importante na reconstituição das histórias dos primeiros tempos do rúgbi. Ele e Antonio Martoni ainda colaboraram generosamente na explicação do jogo de rúgbi. Líbia, Daniel Pinsky, Chris, Sílvia e Ângela foram fundamentais na descrição da Galera. Mônica, claro, lembrando e resgatando passagens e documentos, foi imprescindível. Durante os três meses de apuração do livro, colaborou de todas as maneiras possíveis. Não havia pergunta difícil. A força de Mônica tinha sido comentada antes. A turma não exagerou. Mas foi Rodrigo Facundo, o Faco, quem esteve ao lado de Diego o tempo todo. Os dois estabeleceram uma rara relação entre irmãos que têm entre si uma razoável diferença de idade. Quatro anos podem parecer pouco na idade adulta, mas na infância e na adolescência costumam ser uma muralha geracional.

É provável que tenha sido o rúgbi o grande culpado pela derrubada da muralha. Faco virou primeiro fã, depois aprendiz e, por fim, companheiro do irmão. Diego arrastou Faco para os primeiros treinos, apresentou-o aos amigos, dividiu tudo o que poderia dividir: Nippon, Alphaville e, por fim, Seleção Brasileira. Apesar de não beber uma gota de álcool, Faco foi parceiro dos terceiros tempos ao longo da vida. Dividiram, irmanamente, as duas famílias que tinham — a de sangue e a do rúgbi: os mesmos amigos, a mesma diversão. Em campo ou fora dele, se comunicavam por olhares. Alvaro, Javier e Fermin também foram companheiros de casa e de rúgbi. Só que foi Faco quem sempre esteve mais próximo, principalmente porque jogaram muito mais tempo juntos. Não seria possível contar toda essa história sem a memória e sem o amor de Faco.

AGRADECIMENTOS

Recuperar todas essas histórias não teria sido possível sem a ajuda de algumas pessoas que se dispuseram a ceder entrevistas, e deixo a elas meus sinceros agradecimentos: Alfredo Capra, Angela Turrin, Antonio Martoni, Aramis Padilla, Agustín Padilla, Carlos Alberto Berê Filho, Cláudio Furusho, Christiane Pinheiro, Daniel Benjamin, Daniel Pinsky, Elvira Dotti, Fermin Padilla, Horacio Dotti, Ícaro Padilla, Javier Padilla, Líbia Lender Macedo, Luiz Pinga, Márcio Duailibi, Marcos Cruvinel, Matias Padilla, Maurício Draghi, Memo Seguí, Mônica Pellizer Padilla, Nicholas Anderson, Padre Oscar Alonso, Robert Mills, Roberto Troster, Ricardo Lima (Pio), Rodrigo Facundo Padilla (Faco), Sami Arap, Sílvia Nogueira, Têre Padilla, Teresa Padilla, Victor Ramalho e Werner Grau.

18

GLOSSÁRIO

ESTE LIVRO É SOBRE DIEGO PADILLA, SUAS HISTÓRIAS, SUA VIDA, SEU LEGADO. Mas, como não poderia deixar de ser, também é sobre rúgbi, já que a trajetória de Diego se confunde com a história do esporte no Brasil. No decorrer do livro, vários termos, posições e situações do esporte foram mencionados. Vamos tentar, portanto, dar uma rápida panorâmica das regras e terminologias do rúgbi:*

---

* Para saber mais, consulte: RAMALHO, Victor; KATER, Thiago; GUTIERREZ, Diego; BETTINE, Mauro. *A história do Rugby no Brasil*. São Paulo: Edições Ludens, 2020.

O "BASICÃO"

Há duas modalidades de rúgbi praticadas largamente no Brasil e no mundo: o rúgbi de XV e o Seven. As regras são praticamente as mesmas, com a diferença do número de jogadores em campo. Como os nomes sugerem, são 15 jogadores na primeira e mais popular modalidade, e sete na segunda. A distribuição das camisas facilita a compreensão das posições. Quem veste a número 1 é o pilar fechado, e quem usa a 15 costuma ser o fullback, por exemplo. Mais a seguir, detalharemos melhor cada uma delas.

O CAMPO E O TEMPO

O rúgbi de XV é disputado em dois tempos de 40 minutos, enquanto o Seven é jogado em dois tempos de 7 minutos com um intervalo de 2 minutos. O campo é o mesmo, 110 x 69 metros, quase as mesmas dimensões de um gramado de futebol, o que facilita a difusão do rúgbi por pegar uma carona na estrutura do esporte mais popular do planeta. As traves são diferentes, é verdade: o futebol tem um retângulo de 7,32 m por 2,44 m. Mas as traves em formato de "H" do rúgbi podem ser facilmente adaptáveis, acoplando-se dois canos de PVC na altura na baliza do futebol, formando o "H". É necessária uma área de no mínimo 5 metros após a linha de fundo, denominada in-goal, onde a bola, no momento do try, é colocada no solo para marcar os pontos.

AS REGRAS

O objetivo principal do jogo é alcançar a linha de fundo com a bola. O jogador que consegue passar a linha com a bola nas mãos e depois colocá-la no chão consegue a pontuação máxima, o try (5 pontos), o equivalente ao "touchdown" do futebol americano. O try permite mais um tiro de conversão extra, valendo dois pontos, desde que um chutador consiga enfiar a bola no vão superior do "H" de uma distância de 22 metros. Detalhe: interessa, e muito, o ponto exato onde a bola é depositada no chão após o try. Quanto mais perto das linhas laterais do campo, mais complicado é encontrar o ângulo para acertar o chute entre as traves. O try perfeito é aquele no centro do campo, quase certeza de mais dois pontos extras de conversão para o chutador.

Outra forma de pontuação é em caso de penalidade, de falta grave. Aí é possível conseguir mais 3 pontos, se o chute acertar a parte de cima do "H". Dependendo do lugar do campo, essa possibilidade de chute pode ser trocada por uma jogada ensaiada. A última forma de pontuação, outros três pontos, é chutando no "H" com o jogo em movimento, o chamado dropgol. Só que não é fácil. Para o lance ser validado, é preciso deixar que a bola ovalada quique no gramado antes do chute.

A DINÂMICA

O rúgbi é um jogo de conquista territorial. No avanço com a bola nas mãos, os passes só podem ser efetuados para trás ou para o lado. Bola passada com as mãos para a frente resulta em infração. Se em um passe a bola cair no chão para a frente, significa problema. É o knock-on, outra infração. É possível passar a bola para a frente? Sim, com os pés, mas tem uma pegadinha aí. Só pode pegar o passe feito com o pé o mesmo jogador que deu o chute ou algum outro que estiver atrás do que chutou. Na prática, uma complicação, porque é preciso ter muita velocidade para chutar alto para a frente e conseguir chegar antes do adversário que está numa posição muito mais favorável. O jogo é corrido: só para em caso de pontuação, infração ou quando a bola sai pela lateral.

O TACKLE

Para entender a mente de um jogador de rúgbi, é necessário entender a importância do tackle e por qual razão se vibra tanto com essa jogada. O tackle é o desarme limpo, permitido pela regra. Pode ser feito por um único jogador ou vários, quando o oponente (apenas se estiver com a bola) é segurado e colocado no solo. Mostra a força, a garra, a obstinação e a união dos defensores que conseguiram parar uma jogada. Diego era um mestre no tackle: tinha força, velocidade e sabedoria para ler o movimento do adversário e conseguir pará-lo.

O SCRUM

Talvez a jogada que melhor defina o espírito do rúgbi. Oito jogadores de cada equipe são aglomerados como se fossem uma aranha. Essa aranha de oito atletas será acoplada à aranha adversária e... a bola será colocada no meio. Quem for mais forte e estiver mais equilibrado conseguirá os centímetros ou metros necessários para chegar antes e pescar a bola com o pé. Essa formação é usada para reiniciar o jogo após infrações leves. A jogada simboliza o esporte justamente por exigir o espírito de equipe: os oito atletas precisam estar absolutamente coordenados para empurrar o conjunto adversário e ficar com a bola.

O LINEOUT

Outra jogada que exige total coordenação dos atletas é o lineout, o alinhamento lateral. Duas fileiras se formam, e a bola deve ser alçada entre as duas equipes. Qual a vantagem da equipe que está arremessando a bola? A jogada ensaiada. O time que cobra sabe exatamente na altura de qual jogador da fileira a bola irá. E aí a regra permite que o jogador que vai receber seja levantado por dois companheiros e fique com a posse da bola.

AS POSIÇÕES

Ao contrário do futebol americano, no rúgbi não há uma formação de defesa e outra de ataque, que entra em campo quando se recupera a bola. No rúgbi, todos fazem tudo. Atacam e defendem. Mas cada posição pede características físicas distintas dos jogadores. De modo geral, os forwards são os jogadores mais pesados, que vestem as camisas de 1 a 8. O camisa 9, o scrumhalf, faz a ligação entre os mais pesados e os mais leves. Como no futebol, o 10 é o principal responsável pela armação do jogo, enquanto os centros, os pontas e o fullback precisam de velocidade e explosão para arrancadas na frente ou tackles (o desarme da bola) salvadores atrás.

1 e 3 – Pilar esquerdo e pilar direito

Os brutamontes do time, que precisam brigar pela bola, estão na linha de frente do scrum e farão força para erguer os segundas linhas nas cobranças de lateral.

2 – Hooker

Precisa ser forte e resistente. Jogador importantíssimo no scrum, uma das jogadas mais frequentes do rúgbi. É ele o responsável por puxar a bola com o pé. Também faz a cobrança de lateral.

4 e 5 – Segundas linhas

Precisam ser os "mais leves" entre os mais pesados da equipe (e muitas vezes os mais altos; em alguns países, os segundas linhas passam dos 2 metros de altura). São eles que pescam a bola nas cobranças laterais.

6 e 7 – Asas

Se fosse no futebol, seriam os volantes, os maiores responsáveis pelos desarmes. No rúgbi, são os campeões de tackles.

8 – Oitavo

Tem papel parecido com o desempenhado pelos asas. No scrum, o oitavo é o responsável por retirar a bola que já foi pescada para a iniciar a jogada ou passá-la para o camisa 9.

9 – Scrumhalf

Quase sempre um dos menores do time, que precisa compensar essa "desvantagem" com velocidade e habilidade. Ajuda o abertura na armação das jogadas.

10 – Abertura

É o maestro, o grande organizador do jogo. É ele que dita o ritmo do time, precisa "ler" o posicionamento da equipe adversária para escolher por onde atacar. Também deve pontuar bastante, já que provavelmente será o responsável pelos chutes e pelas conversões.

11 e 14 – Pontas

Estão nas extremidades do campo, justamente o lugar mais vulnerável dos oponentes e por onde costumam sair os tries. Por isso, geralmente são os artilheiros das equipes. Jogadores velozes.

12 e 13 – Centros

Posições que exigem habilidades múltiplas. Na fase defensiva, é necessário velocidade e força para tacklear um adversário vindo com muita velocidade. Quando atacam, precisam ainda de boa leitura de jogo para optar entre a arrancada e o chute. Diego jogou boa parte de sua carreira como centro, além de ter atuado como ponta e fullback.

15 – Fullback

É literalmente o último homem do time. O salvador da pátria no ataque adversário. Ou ele consegue o tackle ou é try do oponente. Força física é fundamental também. E muita habilidade com o pé, já que muitas vezes é ele que recebe a bola do adversário e precisa dar o chute mais alto (para tentar recuperar depois a bola) ou para a lateral (com a finalidade de empurrar o oponente para o seu campo de defesa).

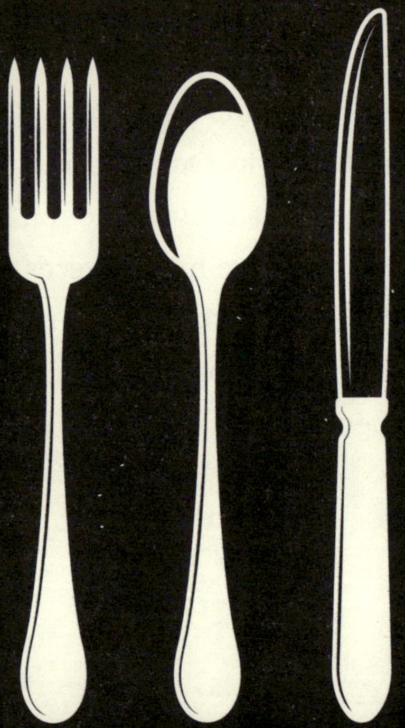

BÔNUS

CHILLI DO DIEGO

INGREDIENTES

SERVE:
8 pessoas

TEMPO DE PREPARO:
45 minutos

- ☐ 1 kg de feijão jalo
- ☐ folhas de louro a gosto
- ☐ 1 cabeça de alho picada
- ☐ cominho em pó a gosto
- ☐ sal a gosto
- ☐ 1 kg de cebola picada
- ☐ óleo vegetal para refogar
- ☐ 1 kg de carne moída*
- ☐ 1 kg de molho de tomate caseiro
- ☐ tempero chilli powder
- ☐ pimenta a gosto

---

* A versão vegetariana (feita para a Líbia) leva abobrinha refogada no lugar da carne moída.

MODO DE PREPARO

1. Deixe o feijão de molho por algumas horas e escorra.

2. Cozinhe o feijão com o louro em um pouco de água por pouco tempo. O feijão deve ficar cozido, mas firme.

3. Separadamente, refogue o alho até dourar, adicione o feijão e tempere com o cominho e o sal. Reserve.

4. Em uma panela grande, doure a cebola em um fio de óleo e adicione a carne moída. Deixe refogar por alguns minutos.

5. Acrescente o feijão e o molho de tomate e deixe apurar.

6. Tempere com chilli powder. Deixe pegar gosto e acerte o sal e a pimenta. (Dieguito gostava de acrescentar mais cominho em pó.)

Servir bem quente, em cumbucas, com os acompanhamentos.

ACOMPANHAMENTOS

Nachos

Guacamole

Creme azedo

Queijo prato ralado

APOIADORES:

Adam Stemer, Alcides de Mattos Terra Junior, Alexandre Mobrige, Aluisio Dutra, Alvaro Amaral, Alvaro Piero Marzullo, Ana Paula Del Cielo, Andrea Mariana Fernandez, Angela Turrin, Anna Helena Vidigal, Antoninho Souza Jr., Antonio Bengt Furlan Öberg, Antonio Carlos Franco, Antonio Carlos "O Carneiro", Braulio, Bruno Macedo de Oliveira (Kid), Caio Seabra, Carlos Alberto Berê Filho, Christiane Pinheiro, Cláudio Furusho, Daniel Deheinzelin, Daniel Kunde, Dannyel Springer Molliet, Dany Brülhart, Dario Romano, Demetrio KoutSantonis, Denise Barbosa, Edson Taminato Gomes da Silva, Emílio Batista Gomes, Fabian Daniel Maggiori, Fabio Gimenez Galdieri, Fábio Safra, Família Lerner, Fernando e Sofia Albino, Fernando Rochlitz, Flavio Luiz Alves dos Santos, Flávio Santos, Francisco Duret, Gabrielle Conrad Fonzaghi Ferram, George Peres Yogui, Glauco Alves Costa Silva, Gonzalo Martin Palanco, Gustavo Acerenza Coco, Henrique Metzger, Hugo Freitas, Iara Hamaoka, Iara Spina, Ilana e Fabian Pinsky Streinger, Ingo Schmidt, Javier P. Victorica, Jean-Marc Etlin, Jerome Damien Sylvain, João Eduardo Grego Pinheiro, João M. R. Gonçalves, João Nogueira, José Ally Filho, José Carlos Citti de Paula (Zeca Med), José Flavio T. Lima (Catfish), José Tarcisio Barreto Reis (Preto), Leopoldo Godoy Espirito Santo, Lucca Wehba Del Ciello, Lucio Miguel Del Ciello, Luis Carlos Correa Barbosa (Boca), Luis Rodrigo M. Caldas, Luiz Carlos Pardo Junior (Bozo), Luiz Diego Jimenez Castro, Luiz Sergio Bonatti Jr. (Peixe), Marcelo Averback, Marcelo Fernandes (Gabba), Marcelo Gustavo Han, Marco Alexandre Fiorio, Marco

Fabio Inglese, Marcos Palanti, Marie Donoso, Martin Andres Jaco, Martin Lanusse, Francisco Spiritu, Mauro Callegari, Murilo Casanova Perez, Murilo Eccheli Junior, Nayara Santos, Mariana Segala, Octávio Moura Andrade e Regina Simon, Osvaldo A. B. Engicht (Bambam), Paco Duque, Panait Theodoro Danis, Paula Harumi Ishibashi, Paulo Segatto, Pedro Sorribes Rosa, Renato Masagao, Renato Occhonero, Ricardo C. P. Fonseca, Ricardo de Lima (Pio), Ricardo Federico Bonfante, Ricardo Quintero, Ricardo Simonsen (Noca), Roberto Araujo, Roberto Bittar, Roberto Castelo, Roberto Troster, Rodrigo Abbud, Rodrigo Sarti (Caju), Santiago Donoso, Silas Monteiro, Silvia Coli, Stefano Adolfo Prado, Temistocles Gargantini, Teresita Padilla, Vanessa e Daniel Pinsky, Victor Alfredo Drasal, Werner Grau.

Agradecimento pelo tratamento das imagens ao amigo João Paulo Mantovani.

J.Mantovani
Fotografia e Filmagem

Esta obra foi composta em Mrs Eaves 12,2 pt e impressa em
papel Pólen 80 g/m² e Couché 115 g/m² pela gráfica Loyola.